激変する世界の未来（アフターコロナ）を予測する

100年に1度の経済学

渋谷和宏

SOGO HOREI PUBLISHING CO., LTD

〜講義を始める前に〜
5分間のオリエンテーション

１００年に1度のパンデミック（世界的な大流行）であるコロナ禍によって、私たちの仕事や生活は大きく変わりました。多くの企業でテレワークやオンライン会議が当たり前になりました。家族一緒に過ごす時間が増える一方で、旅行や外食がめっきり減ってしまったご家庭も少なくないでしょう。

私自身の仕事も様変わりです。私が勤務する大学では２０２０年度、ほぼすべての授業がオンラインでのリモート授業に変わりました。２０２１年度も多くの授業がオンラインで行われています。大学で教べんを執るようになって10年以上が経ちますが、こんなにも長い間、学生や同僚たちと直接顔を合わせないでいるのは初めてです。

コロナ禍前までは様々な立場の主催者からご依頼をいただいた講演も、２０２０年4月から同8月まではゼロになりました。その間に予定されていた講演はすべて中止です。同9月以降ようやく少しずつ再開されるようになったものの、今でもほとんどがオンラインでのリモート講演です。

授業でも講演でも話す内容が変わりました。

私は大学ではメディア論の授業と、今の社会・経済が抱えている課題への理解を深めてもらうワークショップの授業を担当しています。ワークショップでは身近なニュースやトレンドを題材に、その背後で起きている構造的な変化について講義した後、学生たちに課題に取り組んでもらっています。

2020年度はコロナ禍でのニュースやトレンドを何度か取り上げました。コロナ禍が経済や企業経営にどんな影響をもたらし、その結果、仕事がどう変わり、どんな人材が求められるようになるのか、といった内容です。

授業中にチャットで寄せられる感想や質問、課題に付記されたコメントを読む限り、学生たちはこれらの講義を熱心に聴いてくれたようです。コロナ禍での就職活動を控えている学生たちには、切実なテーマだったからでしょう。

オンラインでのリモート講演でも、「コロナ禍で経済・経営環境がどう変わるのか話してほしい」というご依頼をいただくようになりました。それに応える形で「コロナ禍からコロナ後に向けてどんな変化が生じるのか？」「変化をチャンスととらえ、企業の飛躍に結び付けるためには何が必要なのか？」について、話をさせていただく機会が増えました。

新たな経験を積み重ねるうちに、いつしか私は「コロナ禍で経済はどう変わるのか？」について考察し、集中的に講義・講演してみたい気持ちになりました。

「コロナ禍で起きたさまざまな出来事を経済学のモノサシで分析・解説し、それをもとにコロナ禍からコロナ後にかけて何がどう変わるのかを予測する。その際には、経済学にはあまりなじみがないビジネスパーソンや学生にも理解できるように内容や表現を吟味する」――そんな内容です。

とはいえ主にビジネスパーソンが相手の講演は長くても90分程度ですから、取り上げる出来事を絞り込まなければなりません。大学でのワークショップの講義も、学生たちに世の中の変化を体系的に理解してもらうのが目的なので、「コロナ禍と経済」だけではなく「気候変動と暮らし」など、ほかのテーマも取り上げなければなりません。

だったらリアルではないバーチャルな集中講義・講演を行ったら良いのではないか？

本書はそんな発想から生まれました。その意味では紙上に再現した「100年に1度の経済学」のバーチャルな集中講義・講演だと言えるでしょう。

リアルな講義では事前にオリエンテーションを行います。本書もここで概要を説明しておきましょう。

全体は8章に分かれています。

各章ではコロナ禍でのニュースやトレンドを取り上げて、経済学の基本を解説します。その際にはできる限り専門用語を使わず、これまで経済学を敬遠してきた、あるいは接する機会がなかった読者にも理解できるように努めました。

さらに本書では各章の終盤でコロナ後の未来について考察します。

100年に1度のパンデミックであるコロナ禍は、平時には埋もれていた様々な経済・社会的な問題を顕在化させました。私たちの生活や仕事、企業や市民団体などの活動にかつてない制約をもたらしました。私たちはコロナ禍が強いる変化にいやおうなく対応せざるを得なくなってしまったのです。

ではコロナ禍が収束したらすべては元に戻るのでしょうか。それはあり得ないでしょう。私たちはコロナ禍で多くの問題に気づき、多くの体験を積み重ねてきました。そんな私たちがつくる経済・社会は、コロナ前の経済・社会とは自ずと異なるはずです。

本書では経済学のモノサシを用いて、そのようなコロナ後に向けての変化の道筋も描いてみました。

経済学は普段の仕事や生活での様々な決断や選択に役立つだけでなく、将来像の予測にも活用できると私は考えています。とりわけ仕事や生活が一変したコロナ禍では、それが言えるでしょう。

論より証拠、それでは講義を始めましょう。

２０２１年９月　渋谷和宏

登場人物紹介

講義では読者代表としてバーチャルな学生も3人登場し、私ことシブチン先生に対して質問や感想を投げかけます。

1人目はカンチくん（21歳）。文学部メディア学科の学生でウェブメディアでの仕事に就きたいと希望しています。小説や映画には詳しいですが、経済・社会の知識にはまったく自信がありません。

2人目はジュンペイくん（33歳）。IT系企業でネット通販の仕事をしています。主な担当は出展者の開拓です。入社して10年が過ぎ、業務に関連する専門知識には詳しくなりましたが、経済については日本経済新聞を読んでも、いまだに理解できない内容が少なくないと自覚しています。コロナ禍で在宅でのテレワークが中心になり、かつ飲み会が激減。余るようになった時間を活かそうと、授業に参加しました。

3人目はアスミくん（37歳）。信用金庫の社員で、2児の出産で休職中です。もともと経済学に興味があり、忙しい育児の合間を縫って授業に参加しました。

3人とも架空の生徒たちですが、実在感のある等身大の人物として設定したつもりです。彼らの質問や感想は、大学の講義での学生たちからの質問や、講演でのビジネスパーソンたちからの感想も踏まえています。本書を学生だけではなく、社会人にも役立つ視点で執筆したいと思い、3人をそれぞれ学生・現役ビジネスパーソン・主婦に設定しました。

contents

目次

第2回目

100年に1度の経済・社会の危機でも「勝ち組」が生まれる理由

第5回目

消えたインバウンドと日本経済浮上への課題

第8回目

100年に1度の危機なのに、なぜ株価は天井知らずなのか？

株価の大幅上昇から分かる政府の思惑と日本経済の課題…180

第1回目

「値段」と「消費者の行動」

授業のテーマ

価格の決まり方　市場主義の限界

「見えざる手」で決まる価格
マスク高騰から見た市場主義の限界

皆さん、こんにちは。これから8回にわたって、私ことシブチン先生がコロナ禍でのニュースを題材に、経済学をやさしく解説していきたいと思います。

第1回は「モノやサービスの値段について」です。

値段は、経済学が対象とする事象の中で最も身近なテーマでしょう。

しかも、ただ身近なだけではありません。

経済学とは、簡単に言えば人間の経済的な営みを研究する学問です。私たちは一人ひとり、モノを買ったり働いたりと日々、経済的な営みを続けています。企業もモノを生産したり、サービスを提供したりと日々、経済的な活動を行っています。国や地方自治体は法律などのルールを設けたり、必要な場合にはお金や制度面での支援を行うことで私たちの経済的な営みを支えようとしています。

経済学はそれらの研究をすることで、より豊かな生活と社会を築くための法則や提言を導き出そうとしているのです。

人間の経済的な営みを研究するためには、モノやサービスの値段がどのようにして決まるのかを理解していなければなりません。その意味では、値段は経済学の基本中の基本です。

ただし、これがなかなか一筋縄ではいきません。後で触れますが、**値段は今日の経済学で一定以上の影響力を持つ「市場主義」の限界のような根源的な問いかけまで含んでいるからです。**しかもその問いかけに真摯(しんし)に耳を傾けなければ、**コロナ後の経済・社会を見通すことはできません。**

さあ、それでは始めましょう。

皆さんは、コロナの感染拡大に伴うモノの値段の高騰が世間を大騒ぎさせたのを覚えていますか?

そうです。**マスクや消毒液などの値段の高騰ですね**。最初の感染者が確認された2020年1月から始まり、1回目の緊急事態宣言が解除された同5月下旬まで続きました。

その高騰ぶりを改めて振り返ってみましょう。

図1-1　コロナ禍初期に高騰したマスク

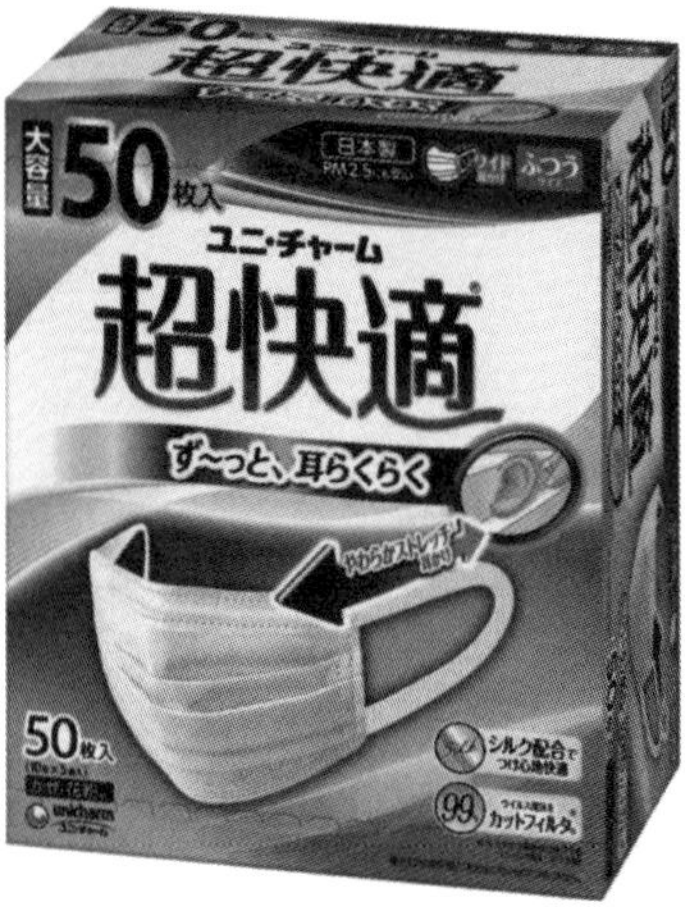

コロナの感染が確認されるまで2500円だったユニ・チャームの「超快適マスク」普通サイズ・50枚入り。2020年2月には1万円以上に上昇した。

図１－１は私が普段使っているユニ・チャームの不織布マスク「超快適マスク」です。耳が痛くならないようにマスクのひもを工夫した人気商品ですね。

コロナの感染が確認されるまで、「超快適マスク」は普通サイズ・50枚入りがドラッグストアやネット通販などで税抜き２５００円程度で購入できました。

ところが感染が確認された２０２０年１月以降、じわじわと値段が上がり始めます。感染拡大への懸念から、ドラッグストアなどの店頭でマスクが品薄になった同２月には、ネット通販を中心に１万円以上に上昇しました。

政府が同２月27日に全国の小中高校に対して一斉休校を求めるとさらに高騰し、同２月末にはアマゾンへの出品価格が平均で３万円近くに達しました。楽天では何と４万円を超える出品まで登場しました。**ほんの２カ月間で２５００円から４万円へと15倍以上に跳ね上がってしまったのです。**

このころになるとドラッグストアなどの陳列棚からは「超快適マスク」に限らず、マスクというマスクが姿を消しました。需要急増で欠品が常態化していたのです。

再入荷の予定日には、開店前からマスクを買い求める行列がドラッグストアやスーパーの店頭にできていたのをご記憶だと思います。時間に追われるビジネスパーソンや主婦が行列に並ぶのはなかなか難しいことを考えると、ネット通販での価格は当時の事実上の相場だったと言っていいでしょう。

除菌用の消毒液の値段も同じように高騰しました。コロナ禍前には税抜き１０００円程度で売られていた消毒用エタノール（エタノール75～80パーセント含有、容量５００ミリリットル程度）は、１回目の緊急事態宣言発出中の２０２０年４月には、１万５０００円を超える値段で通販サイトに出品されました。７００円前後だった除菌用ウエットティッシュも８０００円前後まで急騰しました。

どちらもマスク同様、需要急増でドラッグストアやスーパーでは入手困難になりました。事態を憂慮した厚生労働省が同４月10日、アルコール濃度の高いウオッカや甲類焼酎などのお酒を消毒液代わりに販売してもいいと認めたのを覚えているかもしれません。

ここで皆さんに問題を出したいと思います。

マスクや消毒液の値段はなぜここまで高騰してしまったのでしょうか？　カンチくん、いかがですか？

それは「需要急増」とさっきシブチン先生が言われたように、皆がマスクや消毒液を必要とするようになり、買おうとしたからだと思います。

その通りですね。コロナ禍で皆がマスクや消毒液を必要とするようになったのは、価格高騰の大前提です。ほかの2人はどうかな？　実は理由はあと2つあります。

需要が増えているのに、提供できる数量が限られてしまったからではないでしょうか。僕たちが使っているマスクの多くは輸入品で、海外でも需要が急増したためにそれらが入ってこなくなったと新聞で読んだ記憶があります。

その通り、よく覚えていましたね。当時、需要が急増する一方で、マスクの輸入が難しくなり、供給が足りなくなってしまったのです。

やや古いデータですが、日本衛生材料工業連合会などの業界団体によると、２０１８年度に日本国内で出荷されたマスク約55億枚のうち8割が輸入品でした。内訳は中国製がほとんどで、日本国内で出荷されたマスクの7割が中国からの輸入品でした。マスクの原材料になる不織布も4割を輸入に頼っていて、その半分が中国産でした。

ジュンペイくんの言う通り、**中国でもマスクの需要が急増して、もっと輸出してほしいという日本からの要求に応えられなくなったのです**。しかも中国以外の国からの輸入を増やしたくても、アメリカやヨーロッパの国々など約80カ国・地域が２０２０年4月までにマスクなどの医療物資の輸出を制限しました。

一方、消毒用エタノールは国産がほとんどですが、中国のメーカーや国内の中小企業に頼っていたプラスチック製容器の増産が追い付きませんでした。

マスクや消毒液の値段が高騰したのは、需要が急増しているのに供給を増やすことができず、それらが貴重品になってしまったからです。需要と供給のバランスが崩れてしまったと言ってもいいですね。

図1-2　需要・供給曲線

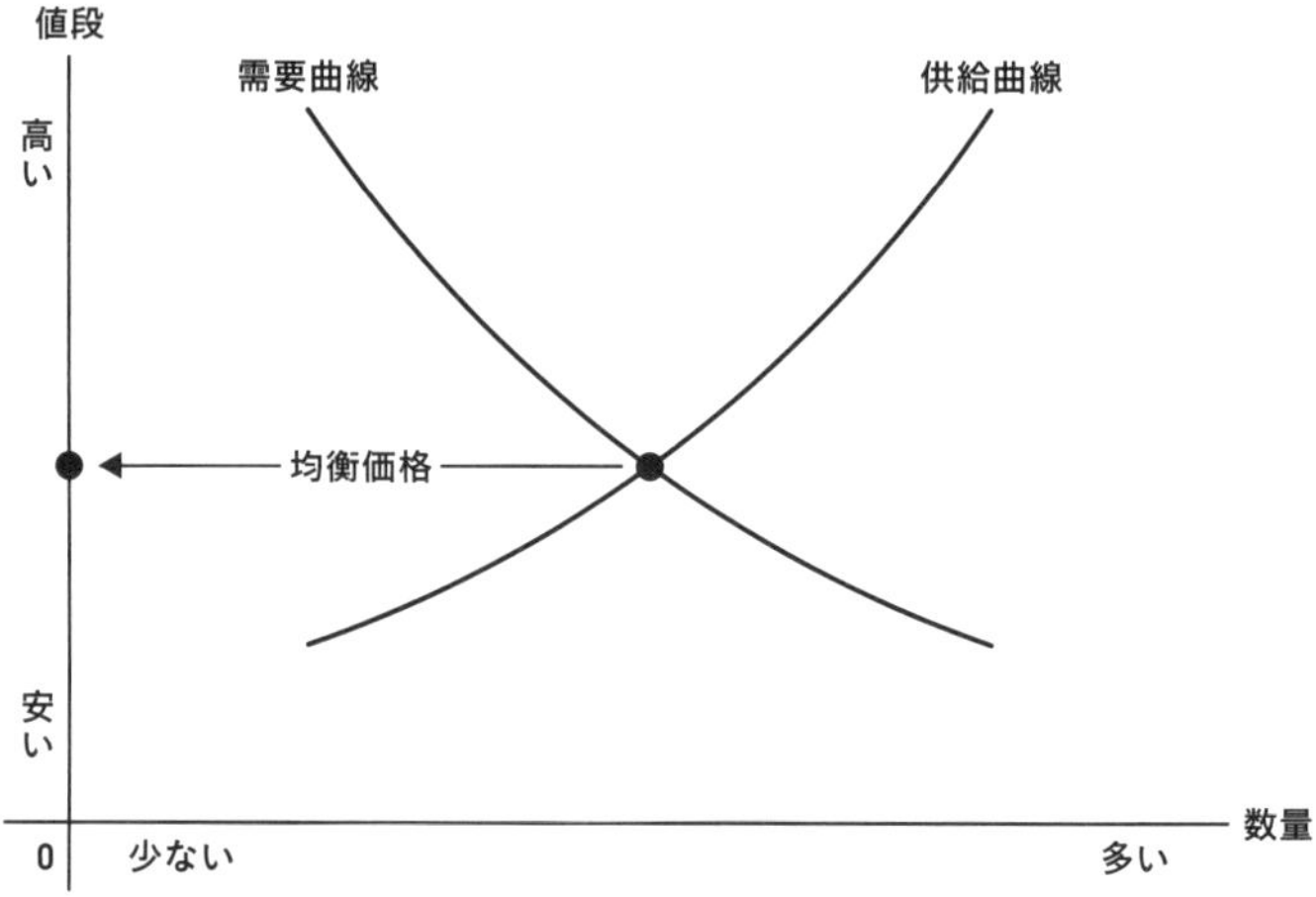

「需要・供給曲線」と「合成の誤謬」

ここでモノやサービスの値段が決まる仕組みを説明したいと思います。

上の図1－2をご覧ください。

これは「**需要・供給曲線**」と言います。

マスクや消毒液に限らず、モノやサービスの値段は需要と供給の関係で決まります。その関係をグラフ化したものが「需要・供給曲線」です。

縦軸には値段、横軸には数量の目盛りがありますね。

まず右肩下がりの需要曲線は私たち消費者などの需要側、つまりモノやサービスを買いたい側の行動を示しています。一般的にモノやサービスの値段が高いと、買いたい人は少ないですよね。しかし値段が下がるにつれて買いたい人が増えていきます。縦軸の値段が下がるにつれて横軸の数量（需要量）が増える、右肩下がりの曲線になっているのはその変化を示しています。

一方、右肩上がりの供給曲線は企業などの供給側、つまりモノやサービスを売りたい側の行動を示しています。一般的にモノやサービスの値段が安いと、売っても利幅は小さいので、売りたい人は少なく供給量は抑えられます。しかし需要が増えて値段が上がると、売りたい人が増えて供給量が増加していきます。この結果、縦軸の値段が上がるにつれて横軸の数量（供給量）が増える、右肩上がりの曲線になるのです。

続いて、24ページの図1－3をご覧ください。

こちらは、市場で値段が決まる仕組みを示しています。

供給量（売りたい量）よりも需要量（買いたい量）が少ない時、モノやサービスは売れ残るので値段は下がっていきます。逆に需要量が供給量を上回ると、モノやサービスが不足するので値段は上がっていきます。このようにして**値段はやがて需要量と供給量が一致する一点に近づいていきます**。

この需要曲線と供給曲線が交差した点での値段を「**均衡価格**」と呼びます。需要量と供給量が釣り合った値段であり、かつ買いたい側と売りたい側が折り合った値段です。

図1-3　市場で値段が決まる仕組み

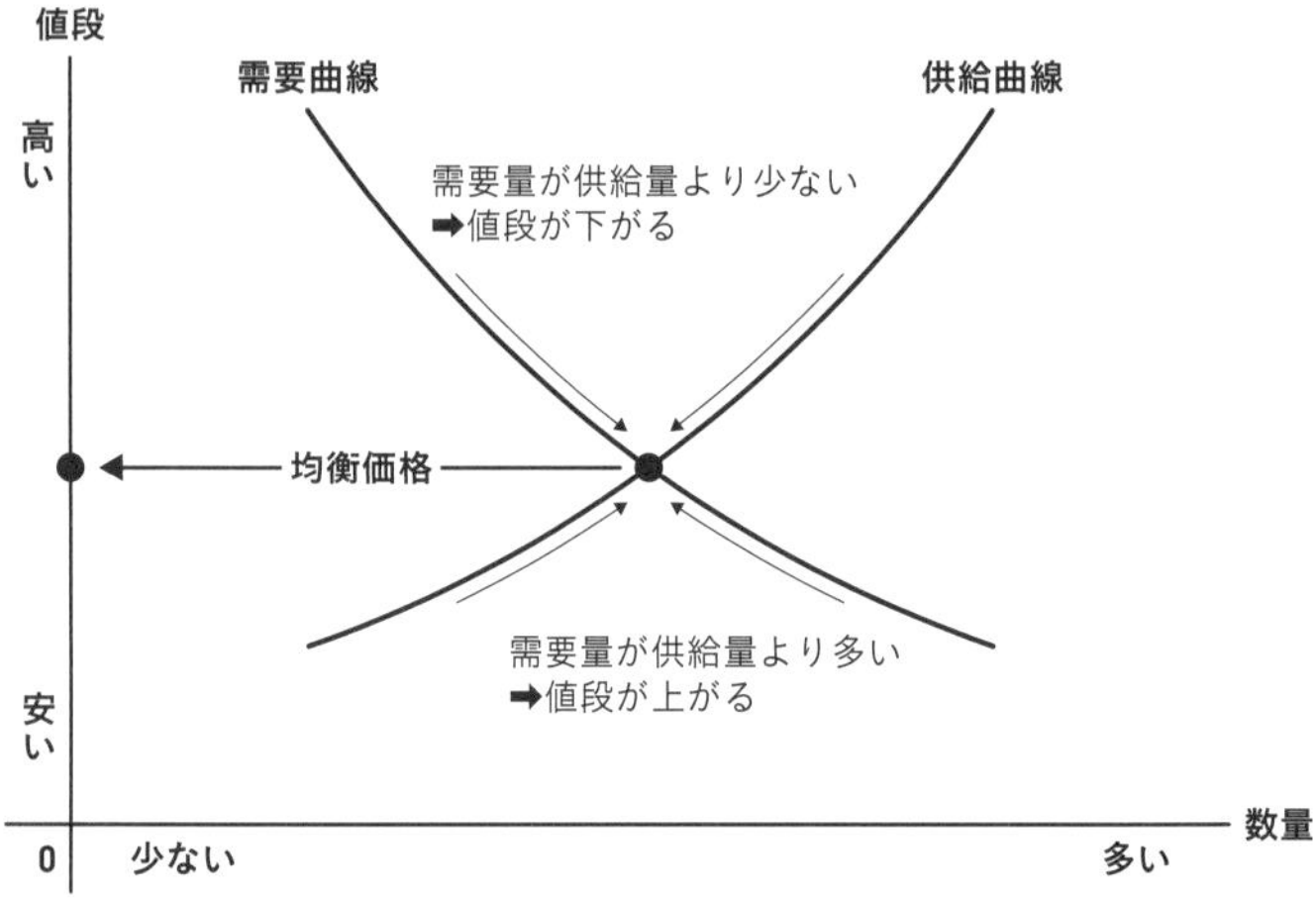

図1-4　マスクや消毒液が高騰したイメージ

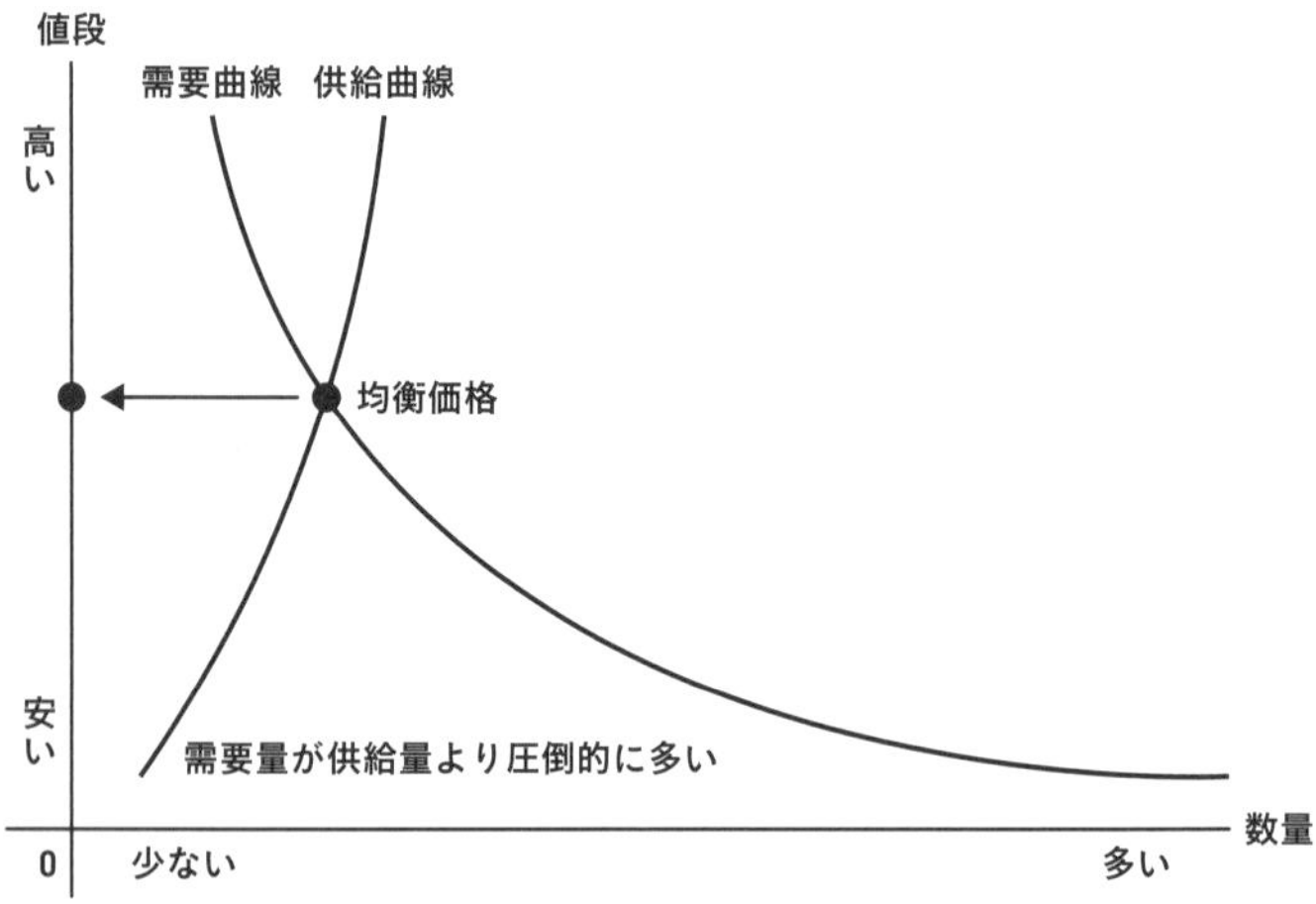

このように、買いたい側も売りたい側もそれぞれの論理や思惑によって行動するけれど、需要量が多すぎて値段が上昇したり、逆に供給量が多すぎて値段が下落したりするうちに、やがて双方の均衡が取れて、ある一定の価格に収まっていくことを、近代経済学の父とも称されるイギリスの経済学者アダム・スミス（1723年～1790年）は**市場の「見えざる手」による「価格の自動調節機能」と名付けました**。

買いたい側と売りたい側が市場で売買することで、見えざる手に導かれるようにして「均衡価格」が自動的に調節されていくというわけです。

そこでマスクや消毒液の高騰です。

右の図1－4は、それを示した「需要・供給曲線」です。

「均衡価格」は縦軸に近い側の上部にありますよね。需要量に比べて供給量が圧倒的に少なすぎるために、こんな場所で需要曲線と供給曲線が交差してしまったのです。

あの……質問があるのですけれど。シブチン先生はさっきマスクや消毒液が高騰した理由は3つあると言われましたよね。3つ目の理由は何ですか？

今、まさにその話をしようと思っていました。

先ほどカンチくんは、マスクや消毒液の値段が高騰した理由の1つとして「皆がそれらを必要とするようになり、買おうとしたから」だと答えてくれましたよね。

しかし需要が急増したのは、実はただ必要性が高まったからだけではありませんでした。

そこには「必要」という概念には収まり切れない、別種の力が働いていたのです。

アスミくん、当時、消費者のどんな行動が話題になったか覚えているかな？

……そう言えば、あのころ、マスクや消毒液の買いだめ・買い占めが話題になったわ。

そうでしたね。競うように大量のマスクや消毒液を購入する一部の消費者の行為が、テレビのワイドショーなどで取り上げられました。

皆さんはこれをどう思いましたか？

まあ、誉められた行為ではないですよね。ただ、その心理は理解できないでもありません。

あのころ、マスクや消毒液の値段は日を追うごとに上がり、店頭では欠品も生じるようになっていました。とりあえず必要な分だけ購入して使い切り、次に買いに行ったら、とんでもなく高い値段が付いているかもしれない状況でした。「値段がこれ以上上がらないうちに一度に大量に買い置きしておこう」とするのは、少なくとも経済的には一定の合理性がある行動です。

しかし、その結果は誰もが知っている通りでした。一部の消費者が買いだめに走ったために品不足が深刻になり、いっそうの値段の高騰を招いてしまいました。

買いだめに走った消費者一人ひとりの行動には一定の合理性がありました。それなのにそれらが合わさった結果、日本全体としては事態を悪化させてしまったのです。

このような**「一人ひとりが合理的に振る舞うことで、全体としては逆に不合理な問題を生じさせてしまう現象」を「合成の誤謬（ごびゅう）」と言います。**誤謬とは難しい言葉ですが「誤り」の意味です。つまり「合成の誤謬」とは、「合わさった誤り」ということですね。

マスクや消毒液の値段が高騰した3つ目の理由、それがこの「合成の誤謬」でした。

マスクや消毒液に限らず、**モノやサービスの値段が急激に上がったり、逆に下がったりする時には「合成の誤謬」がしばしば起こります。**

物価が上がり続ける現象をインフレと呼ぶのは、皆さんもご存知だと思います。インフレとは膨張を意味する英語のインフレーション（Inflation）の略ですね。

激しいインフレ時には、コロナ禍でのマスクや消毒液と同じように「今買っておかないと値段が上がってしまう」という焦りから多くの消費者が買いだめに走り、結果的に物価をさらに引き上げ、消費者の暮らしを苦しくさせてしまう「合成の誤謬」が生じがちです。

例えば石油価格が急騰したオイルショック（第1次オイルショック）をきっかけに、消費者物価の上昇率が年間で20パーセント強にも達した1974年の「狂乱の物価」の最中には、トイレットペーパーや洗剤、砂糖などの日用品を買いだめしようとする消費者の行動がパニックを起こし、いっそうの価格高騰や店頭での品切れを引き起こしてしまいました。

一方でモノやサービスの値段が下がり続けるデフレ（縮小を意味するデフレーション＝Deflationの略）の時には、「しばらく待てば値段は下がるはずだ」という思いから多くの消費者が買い控えし、結果的にますますモノが売れなくなって物価をさらに下げてしまう「合成の誤謬」が起きることがあります。

あの、ちょっとよろしいですか？　今、「物価をさらに下げてしまう『合成の誤謬』」と言われましたけれど、物価が下がるのは僕たちにとって嬉しいことなので、「誤り」とは言えないのではないでしょうか？

良い質問ですね。確かに私たち消費者にとっては、モノやサービスの値段が下がるのは歓迎です。しかしモノやサービスが売れず、そのためにますます値段を下げざるを得ない企業にとっては、これは由々しき事態なのです。

値段を下げれば利益が減ります。利益が減り続ければ、従業員の給料を下げざるを得なくなります。収入が減った従業員は、ますますモノやサービスを買い控えるようになり、消費の縮小を通して経済がますます停滞してしまいます。

このような**デフレが深刻化して経済を停滞させてしまう現象を「デフレスパイラル」と呼びます**。スパイラルとは螺旋（らせん）や循環を意味する英語です。デフレスパイラルとはデフレの悪循環の意味ですね。バブル崩壊後の日本経済は1990年代以降、このデフレスパイラルに長い間苦しみました。

話を「合成の誤謬」に戻しましょう。

マスクや消毒液の買いだめに走った消費者一人ひとりの行為には一定の合理性があったけれど、それらが合わさった結果、品不足が深刻になり、いっそうの値段の高騰を招いてしまいました。

では、これを「価格の自動調節機能」に当てはめると、どういうことが言えるでしょうか？「買いたい側と売りたい側が市場で売買することで、見えざる手に導かれるようにして『均衡価格』が自動的に調節されていく」と先ほど説明しましたよね。ジュンペイくん、どうかな？

ええと……つまり、多くの消費者が買いだめに走ったことで、市場の「見えざる手」によって自動的に調節された「均衡価格」がとんでもなく跳ね上がってしまった。

ご名答！「価格の自動調節機能」によって、マスクや消毒液の値段は私たち消費者にはとても折り合えない水準に達してしまいました。マスクが４万円、消毒用エタノールが１万５００円超などという値段は、それらの原価や有用性に比べてあまりにも高すぎますよね。これでは私たち消費者の生活は圧迫されてしまいます。

つまり**コロナ禍でのマスクや消毒液の高騰は、市場の「見えざる手」による「価格の自動調節機能」だけに任せていると、時には不合理・不都合が生じてしまうことを示したのです。**

「価格の自動調節機能」は万能ではないということですね。

「価格の自動調節機能」が公正に機能する条件

マスクや消毒液の高騰が浮き彫りにした「価格の自動調節機能」の限界は、それだけではありません。

マスクや消毒液の高騰が始まった２０２０年2月から3月にかけて、ドラッグストアなどで買ったマスクや消毒液に高値を付けて通販サイトで売りさばく、「転売ヤー」などとも呼ばれる個人や業者の暗躍が問題になったのを覚えていますか？　中には中国でコロナの感染が始まった２０１９年12月ごろにマスクを大量に買い占めておき、品薄になった２０２０年3月に一気に高値で売りさばいた者もいました。

皆さんは彼らの行為をどう思いましたか？

もちろん「許せない！」と思いました。

僕も同意見です。

右に同じです。

私も同じでした。転売ヤーの行為は、マスクや消毒液が手に入らなくて困っている人たちの弱みに付け込むようなものでしたからね。

実は私たちの憤りには、極めて重大な問題が含まれています。

そして、その重大な問題はコロナ後の経済・社会を見通すカギでもあります。

どういうことなのか？　順番に説明していきましょう。

私たちは、転売ヤーの行為に対して憤りを覚えました。

しかしメディアに登場した転売ヤーの中には、「高値でもマスクを欲しい人がいるのだから、それに応えているだけだ」などとうそぶく人さえいました。供給側の論理に基づいて市場に参加しているだけだと言うわけです。

実は経済学者の中にも、このような「困っている人たちの弱みに付け込むようなビジネス」を積極的に認める人がいます。代表的な例を挙げてみましょう。

2004年夏、メキシコ湾沖で発生した大型のハリケーンが、アメリカのフロリダ州を直撃して大きな被害をもたらしました。その直後、被災者を狙った便乗値上げが横行しました。冷蔵庫が使えなくなった被災者に対して、普段は2ドルの氷1袋を10ドルで売ったり、屋根に倒れてきた木を取り除くだけの修理に、2万ドル（1ドル110円として約220万円）以上も要求するリフォーム業者さえ現れたりしたのです。

コロナ禍での転売ヤー同様、憤りを覚える行為ですよね。

しかしアメリカの一部の経済学者は、彼らをこう擁護しました。

「氷や屋根の修理代などが上昇したことで、被災地から離れた地域の業者もこれらの商品やサービスを提供しようと思うようになる。夏の猛暑の最中、停電でエアコンを使えないフロリダの住民に氷が1袋10ドルで売れれば、製氷会社の増産意欲は高まるはずだ。この結果、時間が経つにつれて必要な商品やサービスがより多く提供され、かつ参入業者が増えれば、競争が激しくなって法外な値段も下がっていく。いずれフロリダの住民には、それらが適正な値段で行き渡ることになる」

いずれ「価格の自動調節機能」が働き、便乗値上げによって生じた不合理や不都合は解決されるので問題はないと言うのです。それどころか便乗値上げは「価格の自動調節機能」を促進する触媒になるとさえ言いたげですね。ちなみに以上の経緯や一部の経済学者の言い分は、ハーバード大学教授のマイケル・サンデル氏の著書『これから「正義」の話をしよう』（早川書房）に詳しく書かれています。ご興味があればぜひひも解いてください。

さて、こうした「売買や値付けなどの生産・消費活動は、基本的にすべて市場の自動調整機能に任せるべきだ」という考え方を「**市場主義**」と呼びます。

皆さんはこの論理をどう思いますか？

もしこの論理を認めるとなると、私たちは憤りを覚えつつ、マスクや消毒液の転売ヤーの行為には問題がないと認めざるを得なくなってしまいます。反論できるかな？

アスミくんはどう思いますか？

うーん、理屈は分かるけれど、納得できないですね。だって被災者は今、氷が欲しいし、屋根を修理してもらいたいわけですよね。いずれ安くなるのを待っていられない人たちに、時間が経てば「価格の自動調節機能」が解決してくれると言うのは酷だと思います。

とても良い点を突いてくれましたね。アスミくんが言ったように、フロリダの被災者には「後で買う」という選択肢がありませんでした。氷は今必要だし、倒れた木をそのままにしていたら家が潰れてしまうかもしれません。

被災者は、業者が提示した法外な値段を受け入れるしかなかったのです。

選択肢がないという点では、マスクや消毒液が高騰した時の私たちも同じでした。マスクや消毒液は感染リスクを減らすために欠かせません。しばらくはマスクなしで我慢しつつ、いずれ「価格の自動調節機能」が発揮されるのを待ち、安くなってから買うという選択肢は私たちにはあり得ませんでした。だから私たちは憤ったのです。

ではここから何が言えるでしょうか？

市場の「見えざる手」による「価格の自動調節機能」が不合理や不都合を生じさせず、公正に機能するためには、消費者に選択肢が必要だということですね。供給側、需要側ともに自由で自発的な取引を担保されていなければならないのです。

その条件が失われてしまうと、「合成の誤謬」や便乗値上げなどによって、消費者には不利益が生じてしまいます。その意味でコロナ禍は「市場主義」の限界を示したと言っていいのではないでしょうか。

なるほど！「私たちの憤りには極めて重大な問題が含まれている」とシブチン先生がおっしゃった意味が分かりました。重大な問題とは「市場主義」の限界だったのですね。

その通りです。私はさらに「その重大な問題はコロナ後の経済・社会を見通すカギでもある」とも言いましたね。

それはこういう意味です。

私たちはコロナ禍でのマスクや消毒液の高騰、高額転売に直面することで、「市場主義」の限界を体験しました。この体験は、心の奥深く刻まれた記憶として残り続けるでしょう。

今後、誰かが品薄になった商品を法外な値段で販売したら、私たちの記憶は鮮明によみがえり、相手が企業であれ、個人であれ、すぐに待ったをかけるに違いありません。

複雑で分かりにくい料金プランや、不透明な請求を行う企業に対して、ＳＮＳ（交流サイト）などで情報を共有し、批判や不買運動を起こす消費者も増えていくでしょう。

国の対応も変わりつつあります。転売ヤーの横行を憂慮した政府は、マスクの高値転売を禁じる国民生活安定緊急措置法の政令改正を閣議決定して、2020年3月15日から施行しました。買った値段よりも高値でマスクを転売すると、1年以下の懲役または100万円以下の罰金が科せられるようにしたのです。

コロナ禍で垣間見た「市場主義」の限界は、私たち消費者を覚醒させたと言ってもいいでしょう。企業は今後、より賢くなった消費者と向き合っていくことになるのです。

第2回目

100年に1度の経済・社会の危機でも「勝ち組」が生まれる理由

授業のテーマ

企業の行動と市場の役割

「勝ち組」に見られる共通点
外出自粛が生んだ効果を分析

皆さん、前回の授業はいかがでしたか？　モノやサービスの値段は需要と供給の関係で決まる――そのことを「需要・供給曲線」を使って解説しましたね。

今日は前回の内容を踏まえ、引き続き身近な出来事を取り上げながら、コロナ禍でのニュースを題材に経済学について講義したいと思います。

今回のテーマは「コロナ禍でも勝ち組が生まれる理由（わけ）」です。

皆さんがその商品やサービスを日常的に利用している企業の中には、業績を大幅に悪化させてしまっている「苦戦組」が少なくありません。その一方で、コロナ禍にもかかわらず業績好調な「勝ち組」もいますよね。

なぜそのような二極化が生まれたのかを考察しながら、社会・経済活動に制約がかかっているコロナ禍でも勝ち組が生まれる理由について、経済学の観点で分析してみたいと思います。

まずは「勝ち組」「苦戦組」、それぞれの具体例を挙げてみましょう。

コロナ禍での「勝ち組」の代表といえば、ソニーでしょう。

ソニーグループは2020年度（2021年3月期）の決算で、売上高が8兆9993億円、最終的な利益を示す純利益が1兆1717億円に達したと発表しました（2021年4月28日発表）。

売上高は前年度比9パーセント増、純利益に至っては同2倍の好調ぶりです。ソニーの純利益が1兆円を超えたのは史上初めてです。同社はコロナ禍で過去最高益を実現したのです。

これに対して、ソニーと同日に発表されたJR東日本の2020年度の決算では、売上高が前年度比40パーセント減の1兆7645億円、営業損益が5203億円の赤字と、コロナ禍での苦しい経営状況が浮き彫りになりました。

前年度の営業損益は3808億円の黒字だったので、差し引き約9000億円も収支が悪化してしまった計算になります。JR東日本が通期、つまり1年を通して赤字に陥ったのは1987年の民営化後で初めてのことです。

さて、ではここで前回同様、皆さんに問題を出したいと思います。

コロナ禍でなぜこのような明暗が生じたのでしょうか？　カンチくん、いかがですか？

それはコロナ禍での需要の変化が理由だと思います。コロナ禍で需要が増えた業界は業績が良くなり、逆に需要が減った業界は業績が悪化したということではないでしょうか？

第1の理由としては、まさにカンチくんの言う通りですね。

コロナ禍に伴う社会・経済活動の制約は、私たちの生活や仕事に大きな影響を与えました。その結果、**私たちの消費行動が変わり、ある商品やサービスの需要が増加する一方で、別の商品やサービスの需要が減少しました**。

需要が拡大すれば、売り上げや利益は伸びます。逆に需要が減少すれば、売り上げは落ちます。売り上げが落ちても従業員の給与や家賃などの固定費は大きく減らせないので、利益も減ってしまいます。

ソニーとＪＲ東日本の決算の背景には、このような需要の変化があったわけですね。

では具体的にはどんな変化が、ソニーとＪＲ東日本の明暗をもたらしたのだろう？　ジュンペイくん、推理してもらえるかな？

多くの人たちが感染リスクのある外出を控え、家の中での「巣ごもり消費」にお金を使うようになったことが大きかったと思います。それがソニーの主力事業であるゲーム機や音楽の売

り上げに追い風になる一方で、ＪＲ東日本の利用者の減少をもたらしたのではないでしょうか。

ご明察ですね。ソニーを見てみると、好決算に貢献したのはゲームなど家で楽しめるエンタテインメント事業でした。

ゲーム機の「プレイステーション」（既存の「プレイステーション４」及び２０２０年に発売した「プレイステーション５」）の販売台数やゲームソフトのダウンロード数、音楽配信が大きく伸びた結果、エンタテインメント事業の売上高は前年度比で13パーセント増となりました。ジュンペイくんが推理した通り、コロナ禍の「巣ごもり消費」の拡大が自宅で楽しめるゲームや音楽事業への強い追い風になったのですね。

一方、ＪＲ東日本は、コロナ禍での外出・移動自粛によって、新幹線を中心とする鉄道の利用や駅ナカ施設での販売が大きく落ち込んでしまいました。

ＪＲ東日本の集計によれば、コロナ禍による売り上げの減少はグループ全体で１兆１７１０億円に達したそうです。事業別でみると、鉄道やバスなどの運輸事業の売り上げが45パーセント減、駅ナカ施設を中心とする小売り・サービス事業の売り上げが37パーセント減でした。「巣ごもり消費」が厳しい逆風になってしまったわけですね。

経済学では「**代替**」及び「**補完**」という言葉をよく使います。例えばコーヒーと紅茶、バターとマーガリンのように、ほぼ同じような目的で購入され、ほぼ同じような満足感や利便性を与えるモノやサービスを「**互いに代替材である**」と言います。このような代替的な関係にあるモノやサービスは常日頃、どちらがより多くの消費者を獲得できるか競争しています。

旅行に出かけたり、テーマパークで楽しんだりする屋外でのレジャーと、ゲーム機で遊ぶ屋内でのレジャーも代替的な関係にありました。コロナ禍での外出自粛が、屋内でのレジャーの価値を高めたと言ってもいいでしょう。

補足すると、コーヒーと紅茶のような代替的な関係に対して、コーヒーと砂糖のように一緒に消費されることが多いモノやサービスを「**互いに補完財である**」と言います。こちらは競争することはなく、お互い補完・協力し合って消費者を獲得します。

「需要・供給曲線」で見る巣ごもり需要の実態

外出自粛・巣ごもりが生んだ需要の変化を「需要・供給曲線」を使って説明してみましょう。左の図2－1の需要曲線に注目してください。

この右肩下がりの曲線は、モノやサービスの値段が下がると需要が増え、逆にモノやサービスの値段が上がると需要が減ることを示しています。

図2-1　需要曲線

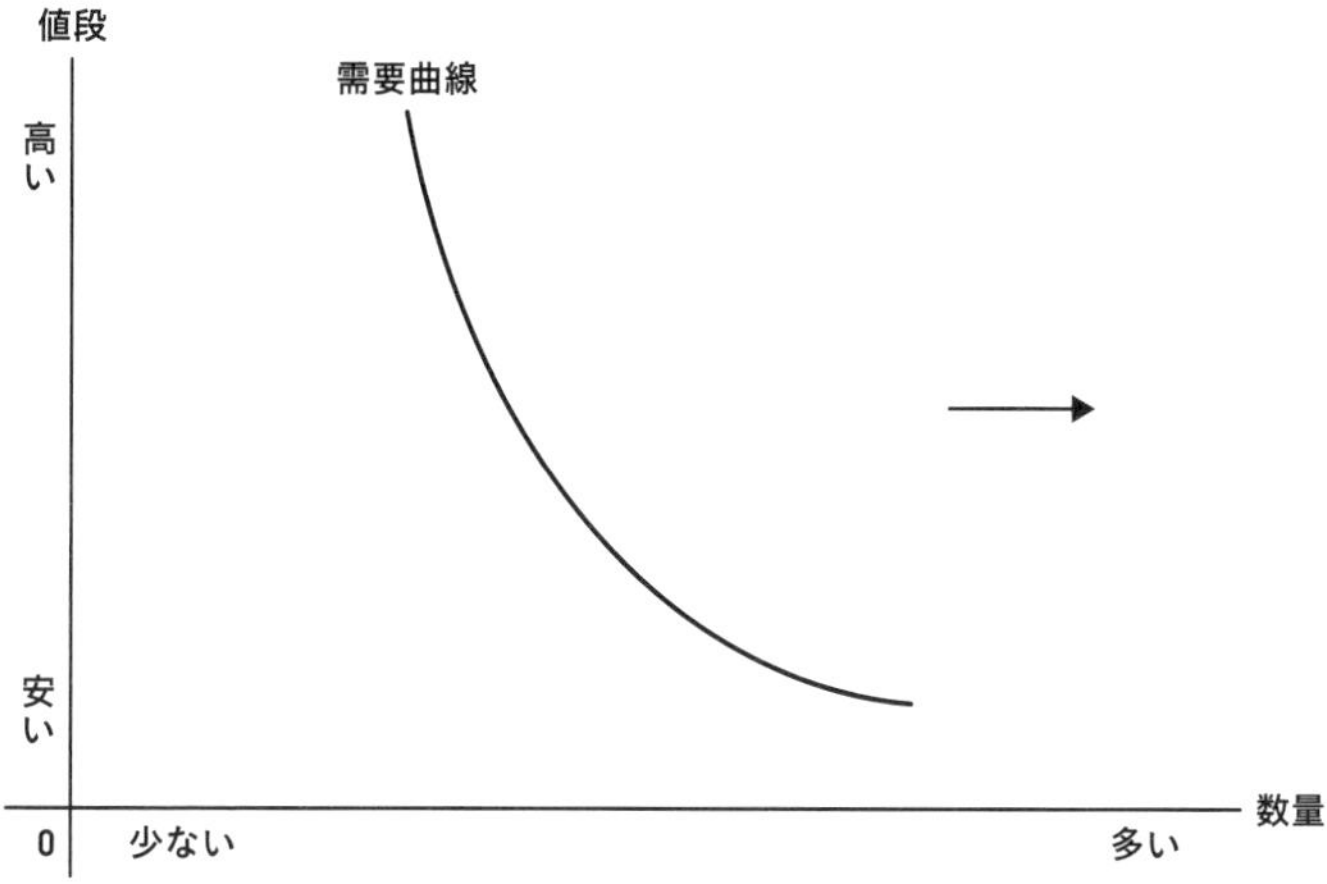

図2-2　移動した需要曲線

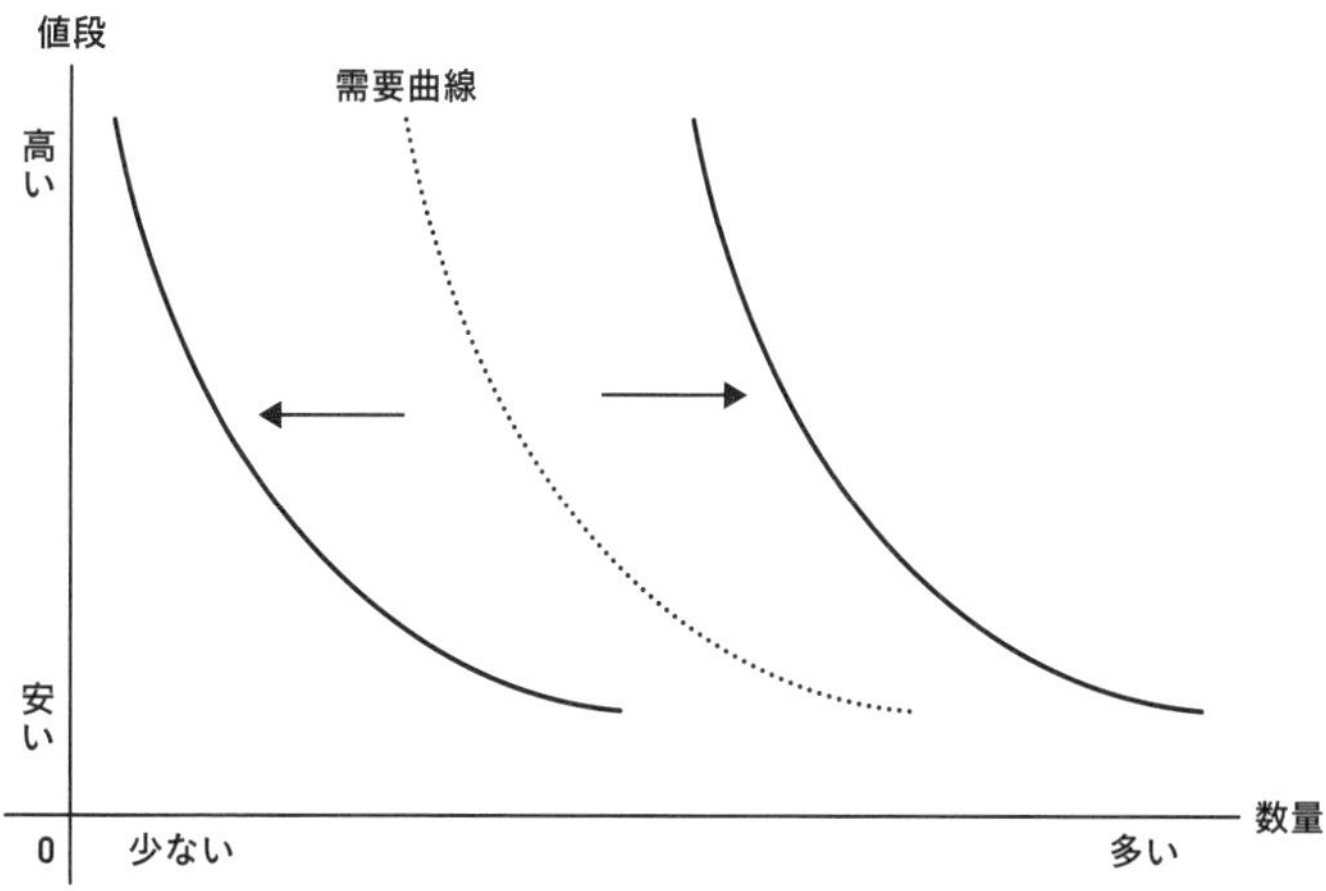

値段の変化によらない需要の増減は、図2-1から図2-2のように需要曲線自体の横の移動で示される。

しかしソニーに好決算をもたらしたゲーム機やゲームソフトの需要増は、値段が下がったからではありませんね。鉄道の利用や駅ナカ施設での販売の減少も、値段が上がったからではありません。どちらもコロナ禍での私たちの消費行動の変化が理由です。

このような**値段によらない需要の増減は、前ページの図2－2のように需要曲線自体の右あるいは左への移動によって示すことができます**。

需要が増える時には、需要曲線自体は右に移動します。ソニーに好決算をもたらしたゲーム機やゲームソフトの需要増は、まさにこの需要曲線自体が右に移動した状況ですね。一方、需要が減る時には、需要曲線自体は左に移動します。鉄道の利用者減少に直面したＪＲ東日本はこの状況にありました。

ＪＲ東日本とソニーの例からも分かるように、需要曲線自体が左に移動すればするほど、その商品やサービスを提供する企業の経営環境は悪化し、右に移動すればするほど、企業の経営環境は改善します。需要曲線自体の移動は企業の経営環境の変化も示しているのです。

次に左の図2－3と図2－4をご覧ください。

図2－3では「需要が増えた時の需要・供給曲線（A）」と「需要が増える前の需要・供給曲線（B）」を比較しています。

図2-3　需要が増えた時の需要・供給曲線の変化

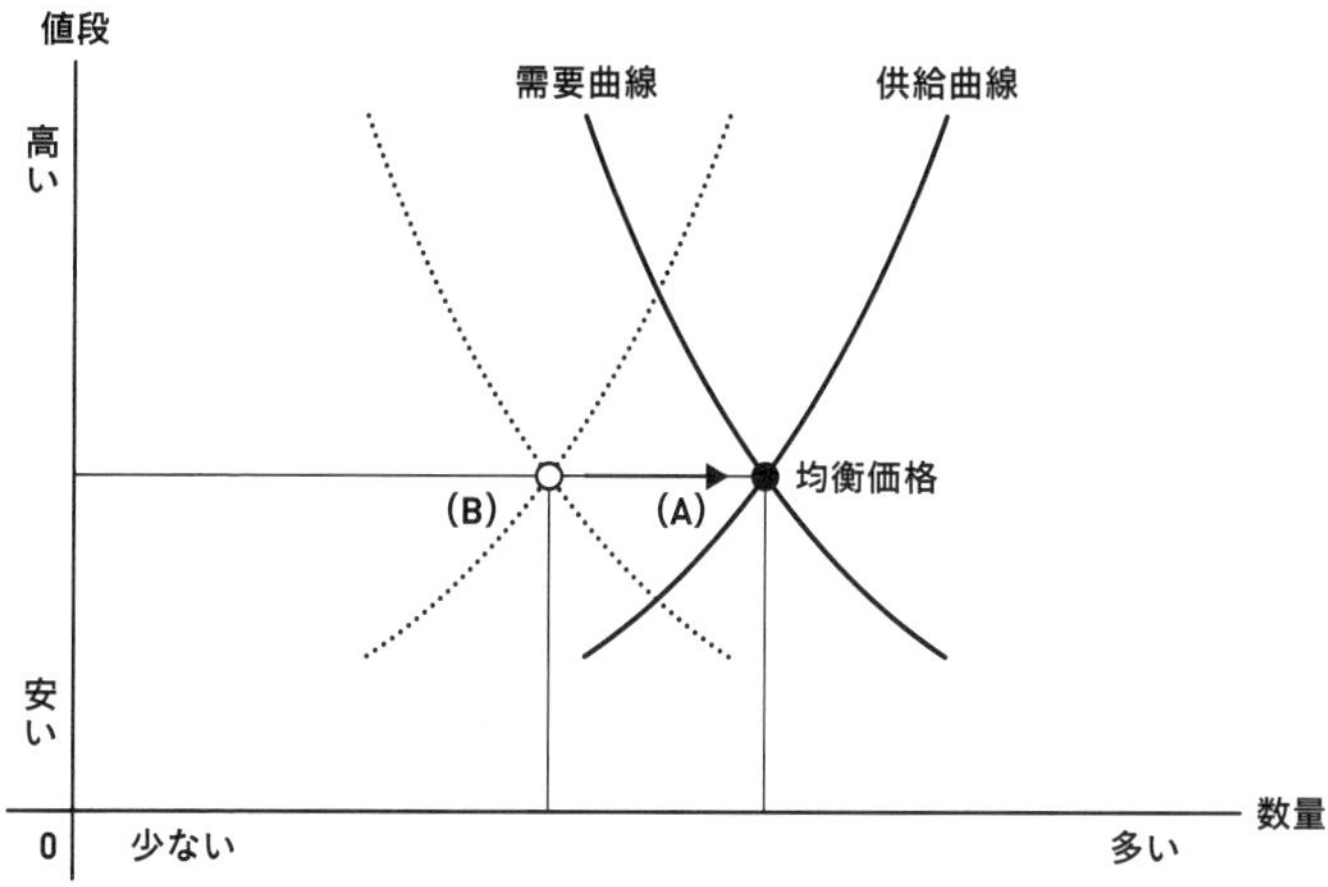

図2-4　需要が減った時の需要・供給曲線の変化

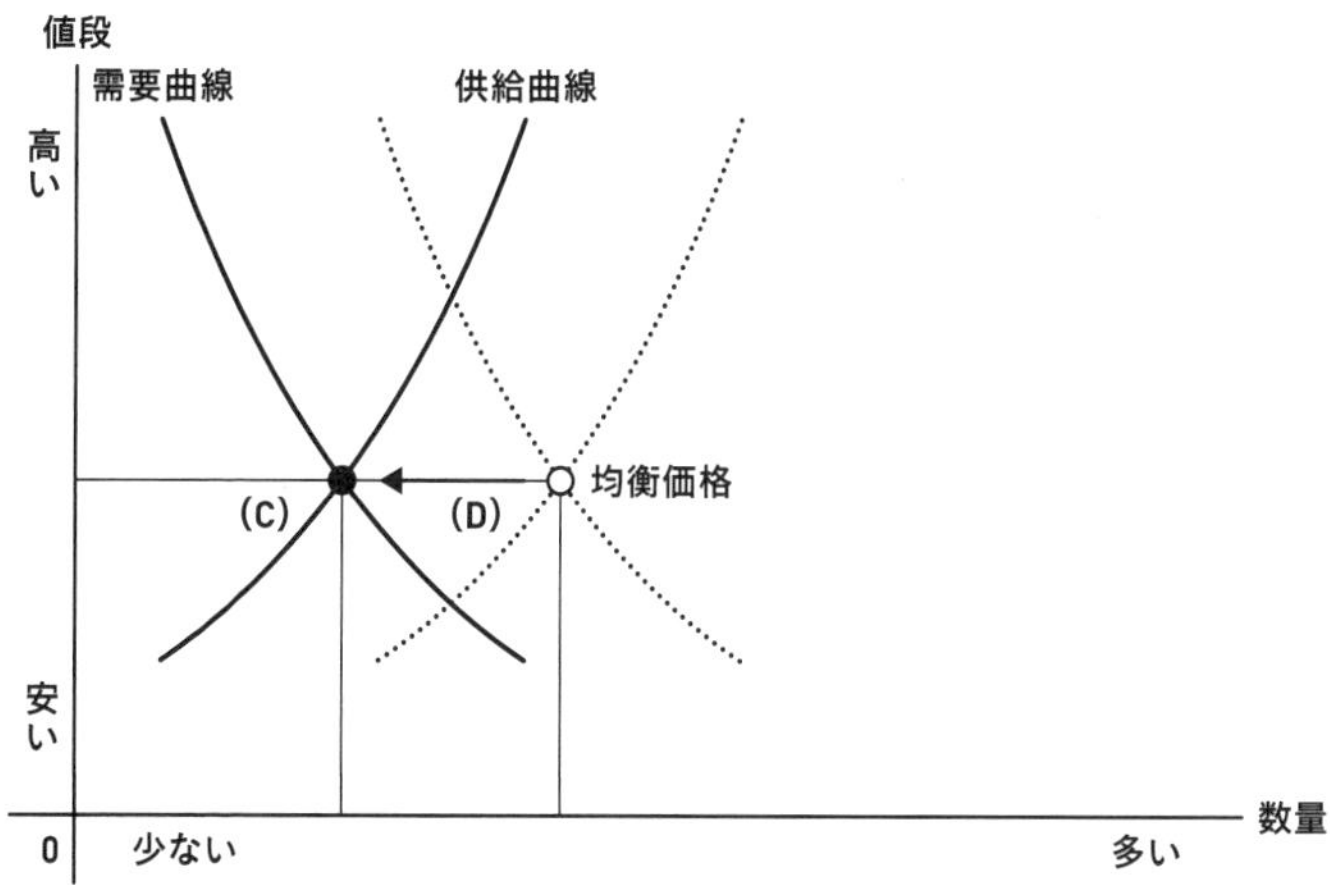

需要が増えると均衡価格での数量が増える(図2-3)。需要が減ると逆に減る(図2-4)。

図2-5　需要が増えても供給量を増やさない場合

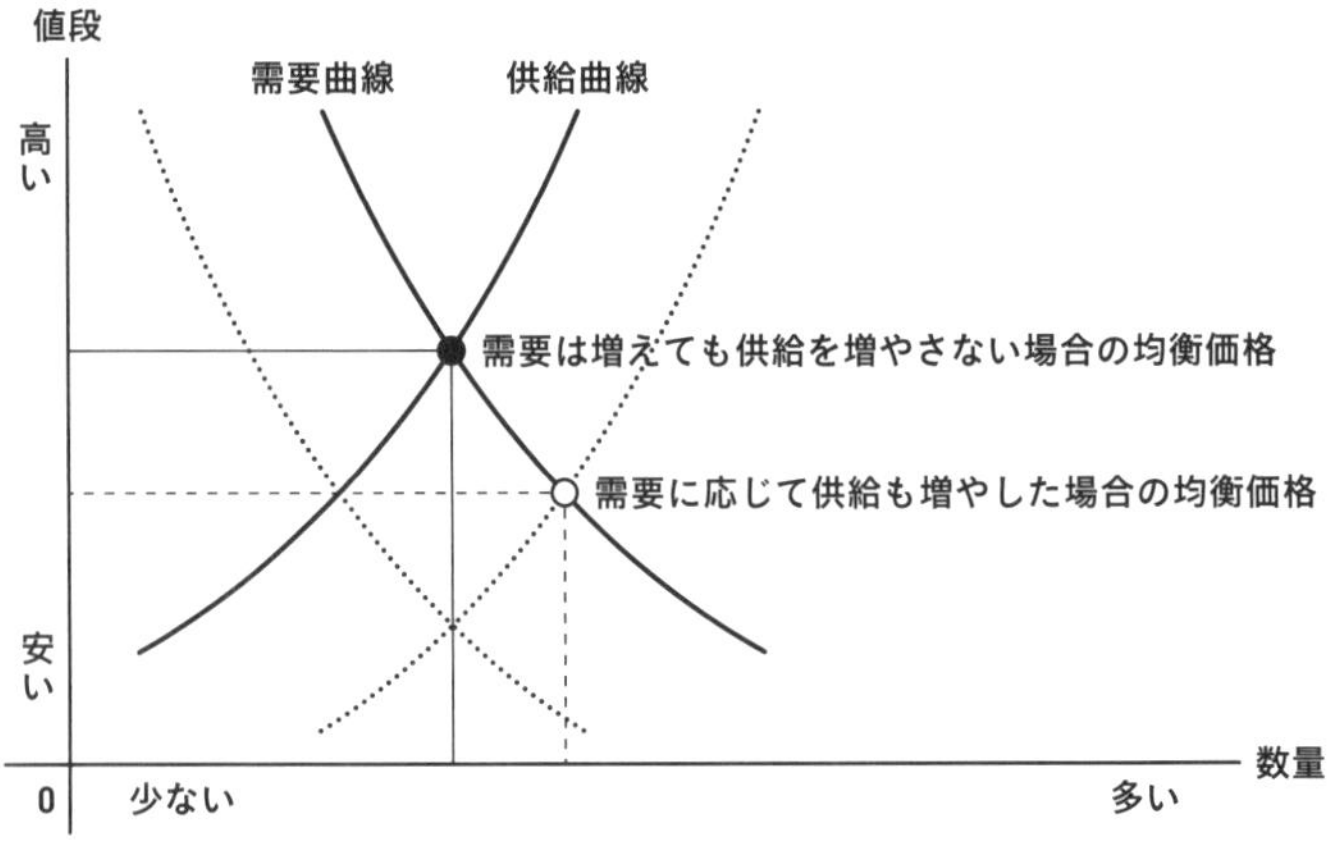

需要が増えても供給を増やさないと均衡価格は上がる。

（A）と（B）とでは需要・供給曲線が交差する点での値段、すなわち「均衡価格」は変わっていませんね。

しかし均衡価格での需要・供給量は「需要が増えた時の需要・供給曲線（A）」の方が、「需要が増える前の需要・供給曲線（B）」よりも増えています。

これは**需要が増える時には、値段を下げなくても供給量を増やせることを示しています**。

私は今「供給量を増やせる」と言いましたが、**実際に供給量を増やすかどうかは企業の経営判断にかかっています**。需要曲線が右に移動するのにあわせて供給曲線も右に移動している図2－3は、需要量の増加に応じて企業が供給量を増やした場合を示しています。

しかし需要量が増加しても、あえて供給量を増やさない経営判断もあり得ます。

その場合、右の図2－5が示すように、需要曲線と供給曲線が交差する点での「均衡価格」は、図2－3の「均衡価格」よりも高くなります。**需要量が増えても、それに応じて供給量を増やさなかったので商品やサービスに希少性が生まれ、値段を上げられるわけですね。**

その一方で、あえて供給量を増やさない経営判断にはマイナス面もあります。供給量を増やした場合に得られるはずの売り上げを得られない機会損失が発生します。供給を上回る需要を狙ってライバル企業が供給量を増やしたり、新たなライバルが参入したりしてくるかもしれません。企業はそれらのプラス面とマイナス面を突き合わせ、経営判断を下すのです。

ちなみにソニーはコロナ禍での巣ごもり消費の拡大を受けて、ゲーム機やゲームソフトを値下げせずに、販売数つまり供給量を増やせました。それどころか家電量販店やネット通販業者は、プレイステーションや人気のゲームソフトに強気の値段を設定していました。需要に供給が追い付かず、希少性が生まれていた可能性があります。

続いて、45ページの図2－4は「需要が減った時の需要・供給曲線（C）」と「需要が減る前の需要・供給曲線（D）」を比較しています。

（C）と（D）とでは需要・供給曲線が交差する点での値段、すなわち「均衡価格」は変わっ

図2-6　価格弾力性

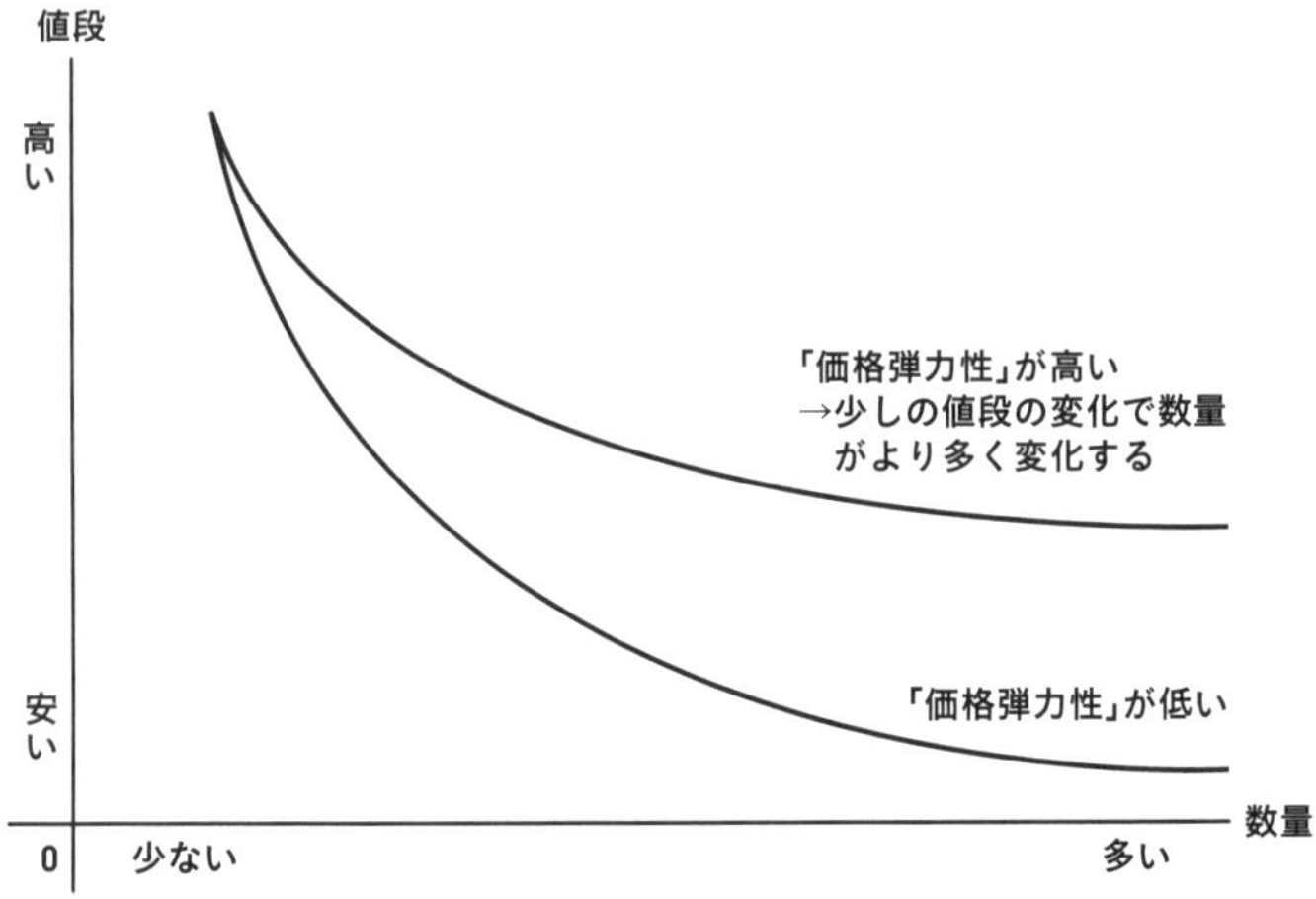

ていません。

一方、均衡価格での需要・供給量は「需要が減った時の需要・供給曲線（C）」の方が、「需要が減る前の需要・供給曲線（D）」よりも減ってしまっています。

このように**需要が減る時には、値段を据え置くと供給量を減らさざるを得ないのです。**

逆に言えば、供給量を増やしたければ値段を下げざるを得ません。

とはいえ、もしJR東日本が利用者を増やそうとして運賃を下げたり、駅ナカ施設でバーゲンを頻繁に開催したりしたら、コロナ禍での感染対策に逆行するような行動だとして批判を浴びてしまったかもしれません。

しかもコロナ禍では運賃を下げても、それに見合って利用者を増やせるとは限りません。

コロナ禍が収束しない限り、感染リスクへの不安を拭えないからです。

価格弾力性、あるいは価格弾性値という指標があります。

モノやサービスの価格の変動が、需要をどれだけ増やしたり、減らしたりするかを示す値で、10パーセント値下げ（値上げ）した時、需要が10パーセント増える（減る）モノやサービスの価格弾力性（価格弾性値）は1、需要が20パーセント増える（減る）モノやサービスの価格弾力性（価格弾性値）は2となります。

一般的に鉄道のような代替手段に乏しいサービスの価格弾力性（価格弾性値）は低く、値下げが需要を増やす効果は小さいといわれています。コロナ禍では、価格弾力性（価格弾性値）がさらに下がっていた可能性も考えられるでしょう。

価格弾力性（価格弾性値）の高い・低いモノやサービスを需要曲線で示すと、右の図2－6のようになります。

外出自粛が「所得効果」を生み、「勝ち組」誕生の一因に

ところで私は先ほど需要の変化は、「第1の理由だ」と言いましたよね。実はコロナ禍で「苦戦組」「勝ち組」が生まれている理由はもう1つ、考えられるのです。

アスミくん、それが何だか見当が付くかな？

何でしょう。コロナ禍で給料や賃金が減った人が増えてしまっていることかしら。でも、それだと「苦戦組」が生まれた理由は説明できても、「勝ち組」が生まれた理由は説明できないから……。

いえ、アスミくんは今、とても良いところに目をつけてくれましたよ。**コロナ禍で勝ち組が生まれたもう1つの理由、実はそれは「所得」に関係すると考えられるのです。**

そのことを説明するために少し回り道をして、モノやサービスの値段と需要の関係について さらに踏み込んで解説したいと思います。

前回の授業で「モノやサービスは一般的に値段が下がると需要が増え、値段が上がると需要が減る」と説明しましたね。

では、あるモノやサービスの値段が変わると、他のモノやサービスの需要はどうなるでしょうか。

例えばビジネス街の繁盛している洋食店のメニューに、1食500円の牛丼定食と、1食1

000円のハンバーグ定食があるとします。ある日、味も量もまったく変えずに牛丼定食が300円に値下げされました。一方、1000円のハンバーグ定食の値段は変わりません。

では、まず牛丼定食の需要はどうなるだろう？　カンチくん、聞くまでもないだろうけれど、どうかな？

それは増えると思います。

その通りです。牛丼定食の需要は増加します。逆に牛丼定食の値段が、例えば700円に上がったら需要は減少するでしょう。

こうした値段の変化が、そのモノやサービス自体の需要を変化させることを**「代替効果」**と言います。**値段が上がれば需要は減り、値段が下がれば需要は増えるので、「代替効果」は必ず価格とは逆向きの力を需要に及ぼします。**

ではカンチくん、牛丼定食が300円に値下げされた時、ハンバーグ定食の需要はどうなると思う？　減るのか？　増えるのか？　変わらないのか？

ハンバーグ定食の値段は1000円で変わらないのですよね？　だったら変わらないのでは

ないでしょうか。

ジュンペイくん、アスミくんはどう思う？

牛丼定食を食べる人が増えるのだから、ハンバーグ定食の需要は減るのではないかと思います。

あたしはジュンペイさんとは逆で、牛丼定食が値下げされたということは、牛丼定食を食べている人にはお金に余裕が生まれるわけだから、ハンバーグ定食の需要が増えると思います。

正解はアスミくんです。**ハンバーグ定食の需要は増えると考えられます**。

その理由はアスミくんが言った通りです。牛丼定食が値下げされたおかげで、牛丼定食を食べている人たちにはお金に余裕が生まれました。つまり給料や賃金は変わらなくても実質的な所得が増えたので、その分、相対的に値段の高いハンバーグ定食を注文するようになると考えられるのです。

もちろん、牛丼定食の値段が下がったことで、一時的にハンバーグ定食から牛丼定食に変える人も中には出てくるでしょう。しかしその人たちもいずれハンバーグ定食に戻ってくるはずです。なぜなら値段が下がった牛丼定食を食べることで支出が減り、お金の余裕がさらに生まれるからです。

このような、**モノやサービスの値段の変化が実質的な所得を変化させ、それが需要に影響を与えることを「所得効果」と呼びます**。

そしてこの「所得効果」と、先ほど説明した「代替効果」を合わせた変化を、「**全部効果**」と言います。

また、ハンバーグ定食のような、実質的な所得の増加によって需要が増えるモノやサービスを「**正常財**」あるいは「**上級財**」と呼びます。高価な洋服や宝飾品、ぜいたくなディナーや海外旅行などはその代表ですね。

一方で実質的な所得が増加すると、逆に需要が減ってしまうモノやサービスを「**下級財**」と呼びます。食べ物で言えば、安価だが味や風味ではブランド米にかなわない指定標準米などは、それに分類できるでしょう。

さらに下級財の中には、それ自体の値段が下がり「代替効果」が生じているのにもかかわらず、つまり**本来は需要が増えるはずなのに、それ自体の値段が下がったことによる「所得効**

果」によって需要が他の商品に移り、それ自体の需要が減少してしまうモノがあるともいわれています。

イギリスの経済学者で統計学者のロバート・ギッフェン（1837年〜1910年）がこのパラドックス（ギッフェンの逆説）を提唱したことから「**ギッフェン財**」と呼ばれています。19世紀半ばの飢饉に見舞われたアイルランドでのジャガイモや、食料難だった終戦直後の日本でのサツマイモが具体例として論議の対象になったことがあります。

ジャガイモについて言えば、ジャガイモの値段が下がった効果で家計の実質所得が増え、「お金があればもっと食べられるのに」と人々が内心欲しがっていた肉類の需要が伸びた結果、ジャガイモの需要が減った可能性がある、というのですね。

しかし、ジャガイモの需要が本当に減ったのか、減ったとしてもそれが値段の下落によるものだったのか、厳密に検証されたわけではありません。

値段の下落がそれ自体の需要を増やす「代替効果」より、値段の下落が実質的な所得増をもたらし、より高価な商品へと需要を移行させてしまう「所得効果」の方が大きい商品など本当にあるのかどうか、結論は出ていないのです。

ギッフェンの逆説あるいは「ギッフェン財」の存在は、思考実験としては興味深いですが、私はいささか懐疑的ですね。

話をコロナ禍でも「勝ち組」が生まれているもう1つの理由に戻しましょう。

私は、モノやサービスの値段の変化が実質的な所得を変化させ、それが需要に影響を与える**「所得効果」に近い現象が、コロナ禍での外出自粛によって生じていたのではないかと考えています。**

私たちはコロナ禍で多くの楽しみを我慢させられていますよね。海外旅行には当分の間、行かれなくなってしまいました。国内旅行も期間を短縮したり、近場に切り替えたりした人が少なくないでしょう。緊急事態宣言が発出されたゴールデンウィークや夏休みには、旅行自体をやめて近所の公園での散歩にとどめた人もいらっしゃったはずです。飲み会や外食も減ったと思います。

コロナ禍での外出自粛で、私たちはそれまでの楽しみに費やしていたお金を使えなくなってしまったのです。

「海外旅行ができなくなったので国内旅行に切り替えたが、それさえも期間を短縮したり、近場にしたりした」「感染リスクを考慮して、友人たちとの宴会を自宅でのリモート飲み会に切り替えた」

コロナ禍で強いられているこのような行動変容は、「購入できる旅行商品の単価」や「飲み会に費やす予算」が下がっていったのに等しいとも言えるでしょう。その結果、旅行や趣味など楽しみに回すお金については余裕が生じました。それらのお金が「巣ごもり消費」に回り、自宅で楽しめるゲームや音楽事業への追い風になったのですね。

あの……シブチン先生は今、「お金に余裕が生じた」と言われましたけれど、それはあくまで、外出自粛で旅行や外食にお金をかけられなくなったことによって生まれた遊興費の余裕という意味ですよね。

良い指摘ですね。もちろんその通りです。

コロナ禍は言うまでもなく、家計全体には打撃となっています。厚生労働省の毎月勤労統計調査（確報値、従業員5人以上）によれば、物価変動の影響を除いた2020年の実質賃金は前年比で1・2パーセント減りました。これは消費税が8パーセントに引き上げられた2014年（2・8パーセント減）以来の大きな減少率です。とりわけ飲食業やサービス業に従事する人たちの賃金の減少幅は大きく、解雇されてしまった人たちも少なくありません。

そんな**厳しい家計状況にあって、レジャー・外食などの項目については相対的、限定的に余裕が生じていたということですね。**

ポストコロナで企業に求められる経営

さあ、そろそろ今回の授業も終わりに近づいてきました。ここまでソニーとＪＲ東日本という異なる業種の代表的企業を取り上げ、コロナ禍で明暗が分かれた理由について考察してきました。

ここからは、同じ業種でも「苦戦組」「勝ち組」が生まれている事実に注目してみたいと思います。

長引く時短営業や休業要請で苦しんでいるレストランや居酒屋、ファストフード店などの外食業を取り上げてみましょう。**逆風に負けない「外食の勝ち組」の経営戦略には、日本企業が「コロナ後の勝ち組」になるためのヒントが隠されているからです。**

外食はコロナ禍で最も苦しんでいる業種の１つです。全国に店舗を展開する大手外食も例外ではありません。

２０２０年度の決算では、株式の時価総額（株価と発行済み株式数とを掛け算した金額）が１００億円を超す大手外食チェーン8社中、吉野家を展開する吉野家ホールディングスや、日高屋を展開するハイデイ日高など6社が前年度の黒字から赤字に転落してしまいました。

ですが、そんな外食の中にも「勝ち組」がいます。

回転寿司店「スシロー」を展開するFOOD & LIFE COMPANIES（旧スシローグローバルホールディングス、２０２１年4月1日から社名変更）は、２０２０年10月から２０２１年３月期までの半期の連結決算で、売上高に当たる売上収益が前年同期比10・1パーセント増の１９０億４２００万円、純利益が同52・7パーセント増の77億６０００万円に達すると発表しました。売り上げも利益も過去最高です（２０２１年5月6日発表）。

コロナ禍でスシローはどのようにしてここまで業績を伸ばせたのでしょうか？　カンチくん、スシローはどんな手を打ったのだと思いますか？

お客に安心感を持ってもらうため、感染対策を徹底したのではないでしょうか？

それもあるでしょう。でもそれだけではないですね。他の大手チェーンも感染対策には力を入れていますから。

そうすると……テイクアウト（持ち帰り）に力を入れたことでしょうか？

ご名答です。**スシローの好決算は、持ち帰って自宅で食べるテイクアウト需要がけん引役となりました。**スシローは拡大するテイクアウトの潜在需要を逃すまいと、いろんな手を打ってきたのです。

まず店内飲食ができない持ち帰り専門店を、駅の改札から徒歩1分圏内に開店しました。帰宅するビジネスパーソンなどの「巣ごもり飲食」を狙ったのですね。

店内飲食ができる通常の店舗にもテイクアウト用のロッカーを設置して、専用のアプリなどで事前に注文・決済すると、店員と接触することなく好きな時刻に商品を受け取れるようにしました。

さらに配達サービスの拡充も図り、ウーバーイーツなどの配達代行業者が手薄な地域を中心に自前の配達サービスを導入しました。

ではこのようなスシローの戦略はなぜ、日本企業が「コロナ後の勝ち組」になるためのヒントとなるのでしょうか。

今回の授業で紹介した経済学の概念を用いて、スシローの企業戦略を読み解いてみましょう。

コロナ禍以前から、**外食である店内飲食と、家の中で食べるので「中食」とも呼ばれる弁当店や惣菜店などのテイクアウト飲食は代替的な関係にあり、消費者の獲得競争をしてきました。**

そこへコロナ禍が起き、テイクアウト飲食への需要が一気に拡大しました。

スシローは手ごろな価格で寿司類などを提供する店内飲食で成長を遂げてきましたが、店内飲食だけに固執することなく、代替的な関係にあるテイクアウト飲食の需要を獲得するために様々な手を打ちました。

そこに多くの人たちが外食を減らさざるを得なかったことによる「所得効果」が加わり、テイクアウトの売り上げをいっそう押し上げました。

ここで重要なのは、店内飲食だけにこだわらなかったことです。

スシローは「お客が望んでいるのは店内飲食それ自体ではなく、値ごろ感のある寿司類を楽しむこと」だと気づいていたのでしょう。もっと言えば「値ごろ感のあるおいしい寿司類をお客に楽しんでもらうことが事業の目的であり、店内飲食はその目的を実現する手段」だと、目的と手段を明確に定義し、峻別していたのだと思います。

だから店内飲食だけに固執することなく、もう1つの手段であるテイクアウト飲食をいち早く強化できたのではないでしょうか。

このことは日本企業がコロナ後の競争に勝ち抜く上で示唆に富んでいます。

コロナ禍で私たちは、以前よりもネット通販を利用するようになりました。ゲームやネットの動画配信を自宅で楽しむ機会も増えました。そして**コロナ後も時と場合に応じて、これらリ**

アルな買い物やレジャーの「代替財」を活用し続けるでしょう。私たちは、いったん手に入れた便利さや楽しさをそう簡単には手放さないからです。

これは企業にとっては、いっそうの競争激化をもたらします。ほぼ同じような満足感や利便性を与えるモノやサービス、すなわち「代替財」を提供するライバルが増え、アミューズメントパークとゲームソフト会社がお客を奪い合うといったような、業界の垣根を越えた競争が起きるに違いありません。

では、どうすれば異業種間の競争を勝ち抜けるのか。

「お客が望んでいるものは何か」をきちんと定義し、事業の目的とそれを実現するための手段を明確に定義し、峻別することがまず必要でしょう。

そして目的を実現するためには今、どんな手段を用いるのが最も競争力を発揮できるのか、従来の手段にこだわらず、大胆かつ柔軟に選択するのです。スシローが店内飲食に固執せず持ち帰り専門店を開業したように、それこそアミューズメントパークが疑似体験ゲームをオンラインで提供するような思い切った戦略も時には求められるでしょう。

コロナ禍で私たちの消費行動は大きく変わりました。

企業もまた変わらざるを得ません。

第3回目

日本の労働生産性が低い“真の原因”と働き方改革の“新たな可能性”

授業のテーマ

労働生産性の低さ　働き方改革と経済学

先進国最低の生産性とGDPの関係
21世紀の競争に求められる働き方

ジュンペイくん、いきなりだけれど、コロナ禍で会社での働き方は変わったかな？

ええ、２０２０年春から自宅でのテレワークが中心になりました。僕はＩＴ（情報技術）系の企業でネット通販の仕事を担当しているので、テレワークでもできる仕事が多いのです。出社するのは１週間に１度のペースですね。

アスミくんのパートナーはどうですか？

テレワークは週１回だけで、残りの週４日は出社しています。夫は信用金庫の副支店長なので、管理業務や対面での打ち合わせのためにどうしても出社せざるを得ないと言うのです。でもシブチン先生、なぜそんなご質問を？

今回は「コロナ禍での働き方」を考察したいと思っています。働くこと、労働は経済活動の基本ですし、テレワークの広がりなどコロナ禍での働き方の変化は、経済学的に見ても非常に興味深い可能性を示していますからね。

今回の講義で詳細に解説しますが、私たち日本人の働き方は、欧米など先進国の人たちの働き方に比べて効率が悪いといわれています。実際、**日本の「労働生産性」は長期にわたり先進国では最下位であり続けています**。この「労働生産性」については、とても重要な概念なので後で詳しく説明しましょう。

それだけではありません。私は、今の私たちの働き方では今後、モノやサービス、システムの国際競争で日本企業がますます勝てなくなってしまうのではないかという危機感を抱いています。

今後、モノやサービス、システムの国際競争に勝つためには、独創的なアイデアや、かゆいところに手が届く画期的な工夫、魅力的なデザインのような**「ソフト面での魅力」がいっそう重要になっていきます**が、今の私たちの働き方はそうした課題には対応しきれていないからです。

しかし、それがコロナ禍をきっかけに変わるかもしれないのです。

というわけで、第3回目の授業は「コロナ禍で進む新たな働き方の可能性を経済学的に検証する」です。

初めに、新たな働き方として浸透しつつあるテレワークに注目してみましょう。

まずは言葉の定義からです。「**テレワーク**」という言葉は「**在宅勤務**」の意味でもよく使われますが、実は両者の定義は微妙に異なります。カンチくん、どうだろう、違いを説明できますか？

テレワークの方が、意味は広いと聞いたことがあります。在宅勤務はテレワークの1つで、テレワークとしてはほかにサテライトワークがあるのではないでしょうか。

その通りですね。テレワークとは、「離れた」という意味のギリシャ語起源の接頭語「tele（テレ）」と、「働く」という意味の「work（ワーク）」を組み合わせた英語で、直訳すれば「離れた場所で働く」となります。

より実態に即して定義すれば「インターネットやパソコンなどのＩＴを活用して、オフィスから離れた場所で働くこと」となるでしょう。

それらの具体的な形態として、自宅で働く在宅勤務や、本社などの拠点とは別に設けた小規模なオフィスで働く「**サテライトワーク**」、移動中に喫茶店などで働く「**モバイルワーク**」があります。サテライト（satellite）とは「衛星」の意味、モバイル（mobile）とは「移動型の」という意味ですね。

またテレワークと同じ意味で「**リモートワーク**」という言葉を使うこともあります。「re-mote（リモート）」とは「遠隔の」「遠方の」という意味の英語ですね。

さて、テレワークはコロナ禍でどのくらい浸透したのでしょうか。

リクルートグループの調査機関であるリクルートワークス研究所は、1回目の緊急事態宣言が発出された2020年4月から5月にかけて、働く男女約1万人に対してアンケートを行いました。

それによれば、コロナ禍が深刻化する前の2019年12月には8・8パーセントだったテレワークの実施率は、1回目の緊急事態宣言下では32・8パーセントと4倍近くに跳ね上がりました。

宣言解除後には実施率は下がり、2020年12月に18・1パーセントとなりますが、2度目の宣言が発出された2021年1月から2月にかけての調査では25・4パーセントまで高まりました。

コロナ禍前の実施率が1桁だったことを考えると、**テレワークは一気にとは言えないまでも**

少しずつ**着実に根付きつつあると言っていいのではないでしょうか。**

なぜこうした変化は、効率が悪いといわれている私たち日本人の働き方を変えるかもしれないのか、順を追って説明していきましょう。

そもそも「日本人の労働生産性は低い」と言う時の「**生産性**」、あるいは「**労働生産性**」とは何なのか。

ジュンペイくん、もしかしたら君の職場でも「生産性」という言葉を日常の会話で使うことがあるのではないですか？

ええ、仕事の能率や社員の働きぶりを評価する時に、「このやり方では生産性が悪い」とか「彼は生産性が高い」とか言うことがありますね。

能率や手際の良さを「生産性」と言っているわけですね。

経済学では「生産性」は厳密に定義されており、もっと狭い意味で使われます。**「生産性」とは、「モノやサービス、システムを生み出すために投入した資源と、生み出されたモノやサービス、システムの生産量あるいは価値の比率」を意味するのです。**簡単に言えば、インプットに対するアウトプットの比率ですね。

計算式で示すと、「生産性＝生産量あるいは価値÷投入した資源」となります。

では「生産性が高い」「低い」とはどういうことかというと、この計算式からも分かるように、投入した資源に対して、生み出されたモノやサービス、システムの生産量あるいは価値が多いほど生産性は高く、逆に投入した資源に対して、生み出されたモノやサービス、システムの生産量あるいは価値が少ないほど生産性は低いと言えます。

今、私は「生産量」あるいは「価値」と言いましたね。

実は生産性には、投入した資源に対して、**どれだけのモノを生産できたか、あるいは売り上げを得られたかを表す「物的生産性」**と、投入した資源に対して、**どれだけの価値を生み出せたかを表す「付加価値生産性」**があるのです。

物的生産性の指標である生産量や売り上げは説明するまでもないでしょう。

ある企業（A社）が100人の労働者と10本の生産ラインで、年間1万個の製品を生産しているとします。これに対して別の企業（B社）は同数の労働者と生産ラインで、年間1万2000個の製品を生産しています。この時、後者（B社）の「物的生産性」は前者（A社）よりも20パーセント高いと言えます。

一方、「付加価値生産性」の指標である付加価値は、皆さんにとってあまりなじみのない言葉かもしれません。

ここでいう**付加価値とは、投入した資源が新たに生み出した金銭的な価値を意味します**。具体的には企業が得た営業利益と人件費、減価償却費の合計です。売上高から原材料費や輸送費などの諸経費を引いた粗利益にほぼ等しいと言ってもいいでしょう。

補足すると、減価償却費とは、生産ラインや営業用車両などの固定資産、すなわち企業が長期にわたって保有する資産に関連して発生する経費です。生産ラインや営業用車両などは使い続けていくうちに古びたり故障したりして、その価値が年々下がっていきますよね。下がった分を減価と言い、企業は決算のたびに、固定資産の種類に応じて法律で定められている減価分を費用として計上しています。この費用を減価償却費と呼びます。

「付加価値生産性」について、先ほどのA社とB社の例で示すとこうなります。

ある企業（A社）が100人の労働者と10本の生産ラインで、年間1万個の製品を生産しているとします。製品1個の販売価格は1万円、原材料費や輸送費などの諸経費は製品1個につき4000円でした。

この場合、A社が生み出した年間の付加価値は、1億円の売上高（1個1万円×1万個）から、原材料費や輸送費などの諸経費の総額4000万円（1個4000円×1万個）を引いた

6000万円となります。

これに対して別の企業（B社）は同数の労働者と生産ラインで、年間1万2000個の製品を生産しました。製品1個の販売価格が1万円、原材料費や郵送費などの諸経費が製品1個につき4000円で変わらないとすると、年間の付加価値は、1億2000万円（1個1万円×1万2000個）から原材料費や輸送費などの諸経費の総額4800万円（1個4000円×1万2000個）を引いた7200万円となります。

7200万円は6000万円よりも20パーセント大きな金額ですから、この時、B社の「付加価値生産性」はA社よりも20パーセント高いと言えます。

次に計算式「生産性＝生産量（売上高）あるいは価値÷投入した資源」の「**投入した資源**」に注目してみましょう。

「投入した資源」の中には具体的に何が含まれるのか、アスミくん、分かりますか？

先ほどシブチン先生がおっしゃったように原材料や生産設備、従業員などが含まれると思います。

その通りですね。原材料、生産設備、従業員がそろって初めて製造業はモノを生産できます。小売りやサービスにしても、従業員はもちろんのこと、商品を保管・販売したり、サービスを提供したりする場所・設備が必要です。飲食店なら食材、美容院ならシャンプーなどの薬剤というように、原材料や備品も用意しなければなりません。

これらの「投入した資源」の中で従業員に着目し、**投入した労働力に対して、どれだけの生産量（売上高）、あるいは価値を生んだかを示すモノサシが「労働生産性」**です。

計算式で示すと「労働生産性＝生産量（売上高）あるいは付加価値÷投入した労働量」となります。

「生産性」の場合と同じように、投入した労働量に対して、生み出されたモノやサービスの生産量（売上高）あるいは価値が多いほど労働生産性は高く、逆に投入した労働量に対して、生み出されたモノやサービスの生産量（売上高）あるいは価値が少ないほど労働生産性は低いと言えます。

ここで問題です。「投入した労働量」とは具体的には何を指しているのだろう？　カンチくん、どうかな。

それは働いている人の数だと思います。

その通りだね。他には考えられるかな？

ええと……働いた時間でしょうか？

ご名答！「投入された労働量」を示す指標には、「人数」と「労働時間」があります。

このうち「人数」だけを用いて、生み出された生産量（売上高）あるいは付加価値を「人数」で割った指標を、**「1人当たり労働生産性」**と言います。

計算式は「1人当たり労働生産性＝生産量（売上高）あるいは付加価値÷投入した労働者数」となります。

また「人数」と「時間」を掛けた値である「全従業員の総労働時間」を用いて、生み出された生産量（売上高）あるいは付加価値額を「全従業員の総労働時間」で割った指標を、**「1人1時間当たり労働生産性（人時生産性）」と言います。**

計算式は「労働生産性＝生産量（売上高）あるいは付加価値÷総労働時間（投入した労働者数×1人当たりの平均労働時間）」ですね。

他の先進国に後塵を拝す日本の「労働生産性」

以上が「労働生産性」の定義です。ここからは「労働生産性」の国際比較を検証してみましょう。国ごとの「労働生産性」を比較する場合、生み出されたモノやサービス、システムを測る値には通常、付加価値を用います。具体的には**GDP（国内総生産）を採用しています。**

GDPとは、簡単に言うと**一定期間内に国内で新たに生み出されたモノやサービスの付加価値の総額です。**つまり、あらゆるモノやサービスの売り上げから、それらを生み出すために用いた原材料などの費用を差し引いた金額です。

といっても今一つ具体的にイメージできないかもしれませんね。GDPを理解してもらうために一軒のお弁当屋さんを例に挙げて説明しましょう。

お弁当屋さんは米や肉、野菜などの食材を仕入れ、それらを調理・料理して盛り付け、お弁当として売っています。お弁当の販売価格に対する食材の仕入れ価格の割合、つまり原価率は一般的に35パーセントから40パーセントといわれていますので、500円のお弁当1食に使われている食材価格は高くても200円ほどです。

では、なぜ200円の価値だった食材が500円の価値があるお弁当として売れるのか？

きちんとした技術を持つ調理師が厨房設備を使い、調理し、料理することで200円だった食材の価値を500円のお弁当へと高めたからです。つまり調理師の技術と労働、厨房設備によって300円の付加価値が創出されたからです。

お弁当屋さんだけではありません。国内にあるすべての企業は日々、付加価値の創出にいそしんでいます。製造業なら社員たちが知恵を絞って製品を開発し、生産設備を使って製造することで新たな価値を創出しています。だから原材料や部品などの原価を上回る値段で製品が売れるのですね。また、飲食店なら技術を持つ厨房スタッフの調理・料理だけでなく、ホールスタッフの接客も新たな価値を創出しています。だから料理だけでなく、ビールやワインの値段が小売価格より高くても注文してもらえるのです。

このようにして国内で生まれた付加価値を合算した総額がGDPです。私たちの経済活動はすべて付加価値の創出につながるので、付加価値の総額であるGDPは一国の経済活動の規模を示すモノサシだと言えます。

また企業が付加価値を創出したつもりでも、消費者や取引先が買ってくれなければ価値としては認められません。**「売れて初めて価値が創出された」と言えるのです**。したがって企業が創出した付加価値の総額は、私たちがそれらの購入のために支払ったお金の総額に一致します。

GDPが前期や前年同期に比べてどの程度増減したのかを調べれば、経済成長や景気の波を推定できます。GDPの増減をパーセントで示した値が、**経済成長率**です。

ではGDPを用いた日本の労働生産性は、国際的に見てどの水準になるのか。私が初めに言った通り、かんばしいものではありません。

公益財団法人の日本生産性本部が2020年12月、OECD（経済協力開発機構）の統計をもとに「労働生産性の国際比較 2020」を公表しました（図3－1、図3－2）。

そのデータによれば、2019年の日本の**「1人当たり労働生産性」は8万1183ドルでOECD加盟37カ国中26位、「1人1時間当たり労働生産性（人時生産性）」は47・9ドルで同21位でした。**

どちらも主要7カ国（日本、アメリカ、ドイツ、イギリス、フランス、カナダ、イタリア）の中では最下位です。また「1人当たり労働生産性」の26位は、1970年以降で最も低い順位となりました。

ちなみにOECDは世界の経済状況全般について加盟国で協議することを目的とした国際機関で、世界の経済状況に関する様々な統計を集計・発表しており、世界最大のシンクタンク（調査機関）と呼ばれています。加盟国は先進国が中心です。「労働生産性の国際比較」も含め、経済力や国力にかかわる国際比較でOECDの統計がよく用いられるのは、それだけ調査能力が高く、統計の網羅性や信頼性が高いとみなされているからです。

図3-1　OECD加盟国の労働生産性(2019年)

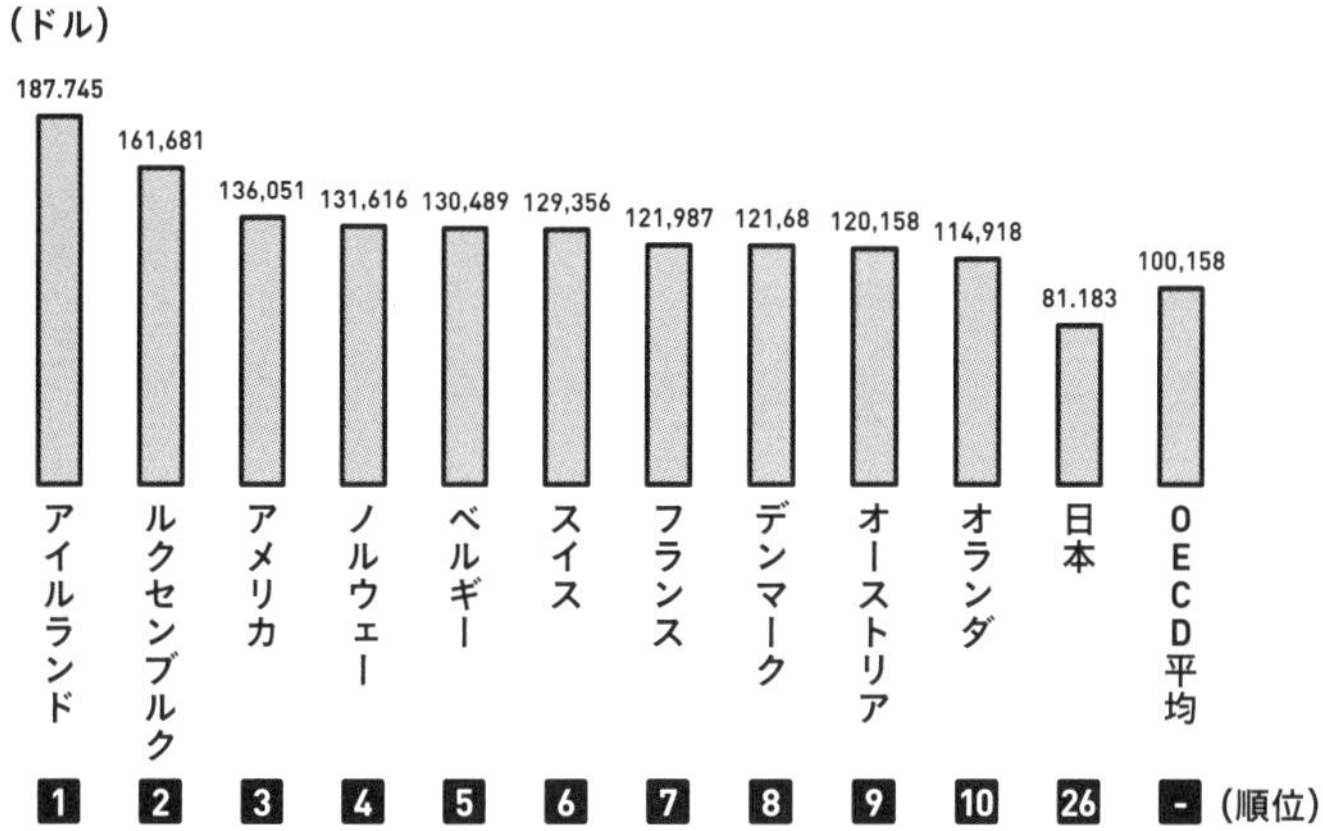

出典:公益財団法人日本生産性本部「労働生産性の国際比較2020」

図3-2　OECD加盟国の時間当たり労働生産性(2019年)

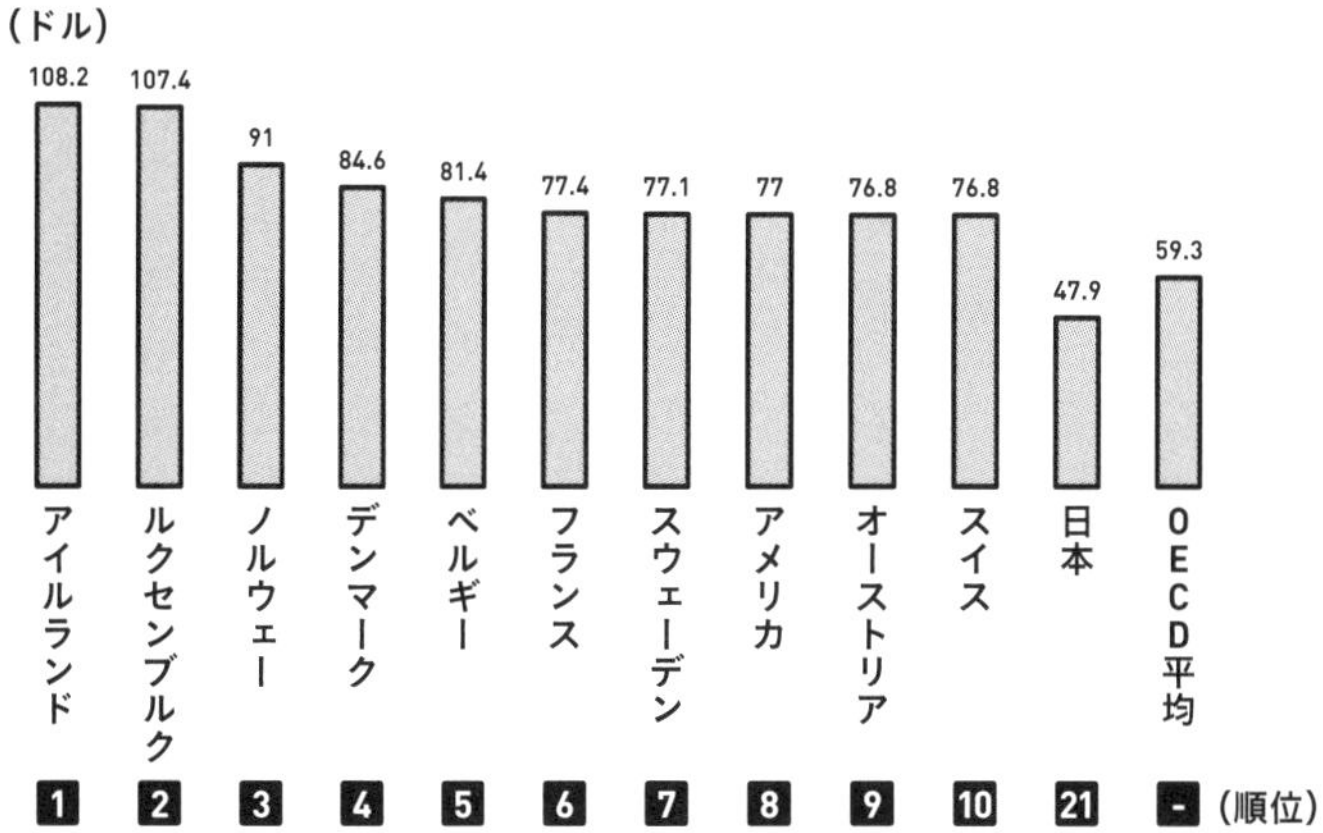

出典:公益財団法人日本生産性本部「労働生産性の国際比較2020」

ではなぜ日本は他の先進国に比べて労働生産性が低いのか？　原因についてはこれまで様々な問題点が挙げられてきました。ジュンペイくん、どんな指摘があったのか憶えているかな？

はい、「だらだら長時間働く」や「休みを取りづらく、集中して働く時とリフレッシュする時のメリハリがない」「無駄な会議が多い」など、ホワイトカラーの働き方が非効率的だという意見をよく耳にしました。

長時間労働が低い生産性の原因ではない

そうでしたね。**原因はモノ作りの現場ではなく、主にオフィスで働くホワイトカラーの非効率的な長時間労働にあるという指摘が目立ちました。**

「ホワイトカラー」には厳密な定義はありませんが、一般的にはオフィスで働く事務職や管理職、営業担当者、研究職などを指し、厚生労働省の分析では働く人の6割近くを占めていると見られています。厚生労働省が総務省統計局の「労働力調査」をもとに分析したところ、ホワイトカラーに相当する就業者は、２００４年で全体の55・2パーセントを占めました。一方、ブルーカラーとは工場や建設現場、鉱業などの生産現場で直接生産に携わる現業の従業員を指します。

ＯＥＣＤの調査は全就業者が対象でホワイトカラーだけの統計ではありませんが、ホワイトカラーの働き方を改善しなければならないという問題意識は理解できますね。私自身、結論が出ない無駄な会議にはうんざりしていますし、日本企業の社員にはもっと長期の有給休暇を取れるようになってほしいと思います。

「**働き方改革**」という言葉を覚えていますよね。労働力の担い手である15歳から64歳までの生産年齢人口が長期的に減少している状況を踏まえ、女性や高齢者などの働き手を増やす一方、労働生産性を高めようという政策です。２０１８年には「働き方改革関連法案」が成立して、時間外労働の削減や有給休暇の取得による長時間労働の是正が法律で定められました。より効率的に働き、より高い成果を得ようとする努力に終わりはないので、国も企業も倦(う)まず弛(たゆ)まず「働き方改革」を進めてほしいとは思います。

しかし、**では日本の労働生産性が低いのは、ホワイトカラーの非効率的な長時間労働だけが原因かというと、必ずしもそうだとは言えないのです**。

81ページの図３－３は、主要国の労働時間の国際比較です。ＯＥＣＤの統計をもとに、２０２０年の「１人当たりの年間総労働時間（全就業者平均年間実労働時間）」をランキング形式で並べています。

それによれば**日本は１５９８時間（24位）で、韓国の１９０８時間（４位）はおろかアメリカの１７６７時間（11位）やギリシャの１７２８時間（15位）よりも労働時間が短いのです。**

主要７カ国の中で日本より労働時間が短いのはフランス（１４０２時間、37位）、イギリス（１３６７時間、41位）、ドイツ（１３３２時間、43位）の３カ国にすぎません。日本人が長時間労働だとはもはや言えません。この事実を踏まえるとホワイトカラーの「だらだらと長時間働く」だけに原因を求めるのは、やはり無理があるのではないでしょうか。

ではほかにはどんな原因が考えられるのか？

これについて皆さんに推理してもらいましょう。実は労働生産性の計算式の中にヒントが隠れています。

国ごとの「労働生産性」を比較する時には付加価値、具体的にはＧＤＰを採用するので、計算式は「労働生産性＝付加価値（ＧＤＰ）÷日本人の総労働時間（労働者数×１人当たりの平均労働時間）」となりますね。

どうだろう、何か気づいたかな？

もしかしたら、生み出された「付加価値」が問題なのかしら？　投入した労働量、つまりイ

図3-3　国別の労働時間ランキング（2020年）

順位	国名	時間(h)／年	順位	国名	時間(h)／年
1	コロンビア	2172	12	ポーランド	1766
2	メキシコ	2124	13	アイルランド	1746
3	コスタリカ	1913	14	ニュージーランド	1739
4	韓国	1908	15	ギリシャ	1728
5	ロシア	1874	16	キプロス	1705
6	クロアチア	1834	17	オーストラリア	1698
7	マルタ	1827	18	ハンガリー	1683
8	チリ	1825	19	エストニア	1660
9	ルーマニア	1795	20	カナダ	1654
10	イスラエル	1783	**24**	**日本**	**1598**
11	アメリカ	1767	-	平均	1687

出所：OECDの主要統計「労働時間」

ンプットに対して、アウトプットの「付加価値」が他の国より小さければ、「労働生産性」は低いことになるわ。

さすがですね。その通りです。日本の「労働生産性」が他の先進国に比べて低いもう1つの、かつ決定的な理由、それは**日本が他の先進国のように付加価値を高められていない、つまりGDPを成長させられていないからなのです。**

ＯＥＣＤ加盟国の１９９５年から２０１５年までのＧＤＰの成長率を比較すると、それがよく分かります。**この20年間での日本の伸びは18パーセント、つまり年平均では0・9パーセントで、加盟36カ国中34位でした。**日本の成長率はイギリスやアメリカの約３分の

1、日本よりも成長率が低かったのはギリシャとイタリアだけです。

ちなみに比較対象となったＯＥＣＤ加盟国が、先の労働生産性の国際比較での37カ国より1カ国少ない36カ国なのは、リトアニアが２０１８年7月にＯＥＣＤに加盟したためです。

「失われた20年」という言葉を聞いたことがありますよね。バブル経済が弾けた１９９０年以降、日本では20年以上にわたって経済の停滞が続いてきました。この間、他の先進国は日本を上回る速度で成長を遂げていたのです。

アメリカではインターネットやＩＴの進歩・普及とともに、アマゾンやグーグル、フェイスブック、アップルのような世界的な企業が次々に生まれました。イギリスはアメリカと並んで世界の金融ビジネスをけん引する国となり、フランスはファッションや観光産業での世界1位の座をいっそう強固にしました。

他方、**日本は家電や情報家電、半導体などそれまで高い付加価値を得ていた多くの分野で韓国や中国との競争に敗れてしまいました**。テレビやビデオ、パソコンなどの日本製品は１９９0年代前半まで、ジャパンブランドとして文字通り世界の市場を席けんしていましたが、今では見る影もありません。モノ作りに代わる成長産業となったインターネットやＩＴの分野でも、日本企業の存在感は薄いと言わざるを得ません。

ではなぜ日本は、GDP成長率で他の先進国の後塵を拝してしまったのか。

1つには多くの企業がバブル崩壊の後始末、つまりバブル期の不動産などへの過大な投資がもたらした借金の返済に追われ、新分野開拓に向けての研究開発や設備投資を十分に行えなかった問題があるでしょう。インターネットやITがもたらすビジネスチャンスや産業構造の変化について、経営者らが明確なビジョンを示せなかった責任も大きいと思います。さらに私たち日本人の働き方もまた原因の1つだと言わざるを得ません。といってもそれは先ほど申し上げたように、「ホワイトカラーの非効率的な長時間労働」という労働の密度、あるいは効率性の問題ではありません。**今の働き方では日本企業は国際競争に勝てなくなってしまうという労働の中身、あるいは質にかかわる問題です。**

ワーケーションが〝新たな可能性〟である理由とは

さあ、今日の授業もそろそろ終わりを意識しなければならなくなりました。

私は授業の初めに「今の働き方では今後の国際競争で日本企業がますます勝てなくなってしまうのではないか」と言いました。「これからの国際競争では、独創的なアイデアや画期的な工夫、魅力的なデザインのようなソフト面での魅力がいっそう重要になっていくが、今の私たちの働き方はそうした課題には対応しきれていない」と。さらに「それがコロナ禍をきっかけに変わるかもしれない」とも指摘しました。

最後にそれを説明して今日の授業を終えたいと思います。

今、国際競争力を発揮している企業の多くは、独創的なアイデアや工夫、魅力的なデザインなどを武器にしています。

代表例はアメリカのIT・ネット企業でしょう。

アップルはその多彩な機能や魅力的なデザインでアイフォン（iPhone）を大ヒットさせ、スマホという新たな情報端末を世界中に普及させる開拓者になりました。フェイスブックはネットでの新たな人のつながり方を提案し、SNS（交流サイト）の概念を人々の間に定着させ、世界的な企業になりました。

もちろん日本企業はアップルやフェイスブックを目指すべきだ、などと言っているわけではありません。

しかし日本企業が今後の国際競争を勝ち残っていくためには世界の人々を魅了し、驚かせ、感動させるような独創的なアイデアや工夫、魅力的なデザインといったソフト面での競争力が必須になってきます。優れた品質や耐久性といったハード面での競争力だけでは、安価な中国やタイなどの製品にはもはや勝てはないからです。

ではどうすればソフト面での競争力を強化できるのか。

一言で言えば、私たちはこれまでの「モノ作りに適応した働き方」から、独創的なアイデアやデザインなど「ソフト面での競争力を発揮できる働き方」に変わらなければならないと私は考えています。

「モノ作りに適応した働き方」とは従来の働き方に他なりません。

社員が同時に定時出社して、上司が部下を管理しやすいように間仕切りのないオフィスで一緒に働く。末端の社員ほど裁量・工夫の余地は乏しく、上司の指示や意見への同調を求められる――。

これらは高品質の製品を、不良品を出さず、かつ迅速に生産するために、一糸乱れぬ協調性を要求された工場労働の延長上にあったといっても過言ではありません。

では「ソフト面での競争力を発揮できる働き方」とはどんな働き方なのか？　**社員が自由にモノを考え、もっと意欲的にアイデアや工夫を提案できる働き方です**。そのためには社員の管理・監督を最小限にとどめ、事務作業をする時とじっくりモノを考える時のメリハリをつけられるような仕事場を与え、あくまで仕事の成果で評価する仕組みを作らなければならないでしょう。

なるほど、テレワークがそうした働き方を実現してくれるかもしれないということですね。

その可能性があるということです。実際には各社ともテレワークについては試行錯誤の段階で、社員の管理や評価に頭を悩ませているでしょう。

ただその一方で**「労働生産性」の観点から見て、非常に興味深い新たなテレワークの形態が生まれていることも確かです。**

その1つは「**ワーケーション**」です。ワーク（仕事）とバケーション（休暇）を合わせたアメリカ生まれの造語で、風光明媚（ふうこうめいび）なリゾート地に滞在し、現地での生活や観光を楽しみながら働くことを意味します。もともとは２０００年以降、アメリカのＩＴ企業を中心に始まった働き方で、日本でも一部のＩＴ企業が10年以上前から取り入れて成果を上げてきました。

神奈川県鎌倉市に本社を置くウェブ制作会社のカヤックは２００４年、行ってみたい場所に臨時の事務所を設け、一定期間プロジェクトチームで仕事をする仕組みを導入し、２００８年と２０１０年にはイタリアのフィレンツェで、２０１３年には伊豆に長期間滞在してプロジェクトに取り組みました。

こうした事例は一部の企業にとどまってきましたが、コロナ禍で自治体もワーケーションの誘致に動き出しています。

三重県は２０２０年、伊勢志摩国立公園など県内の観光地に、インターネット環境を整備したワーケーションの拠点を開設すると発表しました。廃校になった校舎や古民家などをオフィスとして使えるようにして、同年秋から首都圏の企業を中心に誘致しています。

そこでの働き方はこんな感じです。平日は広いオフィスで担当業務をこなしたり、社内のウェブ会議に参加したり、チームメンバーと空気のきれいな戸外で打ち合わせをしたりします。休日には家族や恋人とともに観光地巡りをしたり、山登りやキャンプなどを楽しんだりします。滞在は休日を挟んだ数日間でも良いし、プロジェクトが終了するまでの数週間でも良くて、宿泊施設やオフィスを転々としながら、地域を巡りつつ働くことも可能です。

ワーケーションは単に勤務地を多様化するだけにとどまらず、私たちの働き方を変える可能性を持っています。本社などの拠点から離れた場所で働くので、社員の自由度は高まるでしょう。事務作業をする時と、じっくりモノを考える時のメリハリもつけられます。社員の一挙手一投足を逐次管理できなくなるので、仕事の成果で評価せざるを得なくなるでしょう。

しかもワーケーションには、これまでの働き方に欠けていた重要な要素があります。**それは「快適に働く」ことの追求です。**

人は環境への満足度や幸福度が高いほど「労働生産性」が上がり、良い発想が生まれるといわれています。最近では日立製作所の研究チームが、電話対応を行うコールセンターのスタッフたちの「幸せ度」と製品の「受注率」には正の相関があること、つまり「幸せ度」が上がれば「受注率」も上がることを実証しました。

リゾート地に滞在し、現地での生活や観光を楽しみながら働くワーケーションは、「快適さ」によって社員の満足度を上げようという試みに他なりません。導入した企業が成果を上げ、私たちの「労働生産性」が上がれば、「快適に働く」ことを求めて「モノ作りに適応した働き方」から「ソフト面での競争力を発揮できる働き方」への移行が加速するかもしれません。それこそが**本当の意味での「働き方改革」なのだと私は思います**。

ぜひそうなってほしいと思いますね。日本企業・日本経済の未来がかかっているのですから。

第4回目

つながる世界、広がる貿易

授業のテーマ

危機にさらされる貿易
世界経済と「国際分業」「国際競争」

グローバル化する世界 大国間の貿易の行方はどうなる？

これまでコロナ禍で起きた様々な事象を考察してきましたが、今回は、そもそも新型コロナウイルスによる感染がなぜ瞬く間に世界中に拡大してしまったのかを取り上げてみたいと思います。折り返し点が近づいてきた今回の授業で、１００年に1度といわれるパンデミック（世界的な大流行）を振り返りながら俯瞰的に考察してみようというわけですね。

それもまた経済学の対象になるのですね。

もちろんです。コロナが世界中に広がっていった背景には、経済学的に見て重大かつ重要な変化がありますからね。

まずは新型コロナウイルスが中国からヨーロッパ、アメリカ、日本へとまん延していった過程を見てみましょう。

最初の感染者の確認から今日まで、コロナ禍は大きく次の3つの時期に分けられるのではないかと私は思います。

第1期：「中国で最初の感染者が確認され世界各国に広がっていった」
第2期：「世界中で感染拡大の波を繰り返す」
第3期：「ワクチンが実用化され、欧米を中心に感染者、とりわけ重症者の減少が見られるようになった」

周知のように新型コロナウイルスは中国で発生したと見られています。

2019年12月、中国政府は「湖北省の省都、武漢市で原因不明の肺炎の集団感染が確認された」と世界保健機関（WHO）に報告しました。

感染はやがて近隣の韓国やインド、さらに中国と経済的な結びつきが強いイタリアなどでも確認されるようになりました。EU（欧州連合）域内ではパスポートがなくても、市民は国境を越えて自由に行き来できます。このためイタリアを起点にドイツやフランス、スペインなどEU各国へと感染が急速に拡大していきます。

2020年3月、WHOは新型コロナウイルスの感染拡大をパンデミックだと認定しました。

このころには感染者数が減少に転じた中国に代わって、アメリカやイタリア、スペインが感染の中心となり、大都市では医療崩壊の危機が叫ばれました。ここまでが第1期だと言えるでしょう。

続いて第2期です。コロナは世界中に広がり、各国ではロックダウン（都市封鎖）などの規制によって何とか感染を抑え込めている時期と、規制の解除で感染が拡大する時期とが繰り返されます。日本でも２０２０年４月から５月にかけて１回目の緊急事態宣言を発出して以降、宣言の発出と解除を繰り返しました。

第３期の幕開けは２０２０年12月、アメリカの大手製薬会社ファイザーとドイツのベンチャー製薬会社ビオンテックが共同開発したワクチンについて、イギリス政府が世界で初めて広範な使用を承認したことでしょう。アメリカ食品医薬品局（ＦＤＡ）もイギリスに続き同月、同ワクチンの緊急使用を許可しました。

以降、ＥＵやアメリカではワクチン接種が進むにつれて、新規感染が抑制されるとともに重症者や死者が減少していきました。２０２１年春以降、感染力の高いデルタ株のまん延で新規感染者は再び増えていますが、ワクチンの接種が進んだ国では重症者、死者は低いままに抑えられています。日本もワクチン接種率は上がってきており、感染収束に向けて光明が見えてきたのは確かでしょう。

一方でワクチン接種が進んでいる先進国とは対照的に、多くの途上国では国民がいまだにワクチンの恩恵に預かれないでいます。全世界がコロナ禍を克服できるのはずっと先になりそうですね。ちなみに２０２１年8月時点での世界全体のコロナの累計感染者数は2億人超、累計死者数は４２５万人に達しています。

ここで皆さんに質問です。新型コロナウイルスが短期間に世界中へと広がっていった理由には何が考えられますか？　ジュンペイくん、どうだろう？

人の交流だと思います。コロナ前には仕事や観光でたくさんの人たちが国境を越えて移動していましたよね。

その通りですね。**国境を越えて行き交う人たちはコロナ禍以前、年々増え続けていました。**国連世界観光機関（ＵＮＷＴＯ）によれば、観光や出張などで海外を訪れた旅行者はコロナ禍以前の２０１９年には、世界全体で14億６０００万人に達し、前年より４パーセント増えました。約40年前の１９８０年に比べると5倍超の水準です。

同期間の世界人口は約44億人から約77億人へと1・7倍の伸びですから、国境を越えて行き交う人々の増加ペースは、世界人口の伸びを大きく上回っています。感染症の専門家によれば人流、つまり行き交う人々の量と感染者数はおおむね比例するそうですから、これでは感染が世界中に広がっていったのも当然だと言えますね。

ではなぜ海外を訪れる旅行者がここまで増えたのか？　背景には何があると考えられますか？　アスミくん、どうだろう？

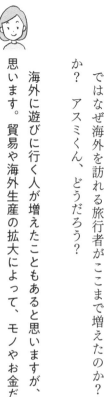

海外に遊びに行く人が増えたこともあると思いますが、大きいのは経済のグローバル化だと思います。貿易や海外生産の拡大によって、モノやお金だけではなく多くの人たちも行き交うようになったのではないでしょうか。

こちらもご名答です。**背景にあるのは膨大なモノ、お金、人が国境を越えて行き交う「経済のグローバル化」です**。

コロナ禍以前の２０１９年、世界全体の貿易総額は18兆５０４７億ドルと日本円で約２０００兆円に達していました。これは約40年前の１９８０年の10倍の規模です（名目輸出ベース、ジェトロ＝日本貿易振興機構の推計値による）。

しかも今日の貿易は、ただ国内でモノを作って輸出したり、海外から製品を輸入したりするだけではありません。

複数の国から輸入した原材料をもとに、日本国内で部品を製造して中国に輸出し、中国でその部品を組み込んだ最終製品を生産して欧米に輸出したり日本に逆輸出したりする、といったように極めて複雑で入り組んだ貿易を行っています。これは日本だけではなく、あらゆる先進国に共通する貿易の形態です。

テレビや自動車、衣料品などのモノが消費者に届くまでの一連の生産・流通過程を「サプライチェーン」と言います。

直訳すれば「供給の鎖」ですね。具体的には「原材料の調達」から始まり、「部品の生産」や「最終製品の組み立て」を経て、物流センターでの「在庫管理」と「小売店への出荷」を通して消費者に届くような一連の過程を意味します。

今や世界中の企業が国境を越えたサプライチェーンを構築しており、それらの企業の拠点間では膨大なモノや情報、お金が行き交っています。

モノや情報、お金が行き交えば、人も拠点間を行き来せざるを得ません。サプライチェーンを機能させるためには、「仕入れの価格交渉」や「製造過程での調整・擦り合わせ」「在庫確認」「販路の開拓」など、それこそ数えきれないほどのビジネス上のやりとりや課題解決が必要になるからです。

またサプライチェーンを機能させるために、世界中の企業が海外に生産拠点や物流拠点となる現地法人を設立しました。日本企業も自動車メーカーや自動車部品メーカー、電子部品メーカーなど多くの企業が1990年代以降、中国を中心に海外現地法人を設立しています。

この数十年間で、世界はただモノを輸出・輸入していた単純な貿易から、国境を越えたサプライチェーンによる複雑な貿易へと進化・発展してゆき、その過程で貿易額が増大するとともに、国境を越えた人の移動も増えていったのですね。まさに膨大なモノ、お金、人が国境を越えて行き交う経済のグローバル化が実現したのです。

ではなぜ世界の貿易はこれほど複雑になり、かつ金額が増大していったのでしょうか。

一言で言えば、**貿易は輸出する国、輸入する国双方の経済発展につながるからです**。だから世界の貿易は劇的に進化し、盛んになっていったのですね。

貿易とは「国際競争」ではなく「国際分業」

貿易はお互いの経済発展につながる――このことを解き明かしたのが「近代経済学の創始者」ともいわれる、イギリスの経済学者デヴィッド・リカード（1772年~1823年）です。

リカードが提唱した極めて重要な経済学の概念に「**比較優位**」があります。

図4-1　ユーチューバーAさんとカメラマンBさん

カメラマン見習い経験あり
Bさん
動画の撮影
手伝います！
ユーチューバーAさん

どういう概念なのかを説明するために、皆さんにクイズを出したいと思います。図4－1をご覧いただきながら解答を考えてください。ではいきますよ。

ここに1人の人気ユーチューバー、Aさんがいます。彼はヘタウマのイラストで描いた紙芝居を使って笑いを取りつつ、斬新な視点でコロナ禍の世相を切ったり、政府の対策を俎上に載せたりしてユーザーの共感を得ています。AさんはパソコンなどIT機器の取り扱いにも長けていて、収録した自身の動画を自ら編集、加工してユーチューブに投稿しています。

ある日、知人のBさんがAさんを訪ねてきます。BさんはAさんにこう提案しました。

「僕はカメラマンの見習いをしたことがあるので、動画の撮影や編集がある程度できます。それらは僕が引き受けますから、Aさんはネタを考えたり、芸を磨いたりするのに専念したらどうでしょう？」

AさんはBさんの撮影や編集の技量を確かめてみました。どう見てもAさんより劣ります。

さあ、Aさんはどうしたらいいでしょう。Bさんの提案を受けるべきか否か。どちらがAさんにとって、より利点があるか、考えてみてください。

どうかな？　Aさんはどうしたらいいと思う？

Bさんの提案を受けるべきではないと思います。Bさんの撮影や編集の技量はAさんよりも劣るのですよね。だとすればAさんにはわざわざBさんに頼む必要などないと思います。

僕は逆の意見です。AさんはBさんに撮影や編集を任せて、空いた時間でネタを考えたり、芸を磨いたりするべきだと思います。そうすればAさんはより多くの動画をユーチューブに投稿できるようになり、収入が増えるのではないでしょうか。

あたしもジュンペイさんに賛成だわ。人気ユーチューバーのＡさんが撮影や編集・加工の作業に時間を取られているのは、パフォーマンスで稼げる時間を失っているのに等しいですよね。もったいないと思います。

このクイズ、どうやら社会人組に一日の長があったようですね。ジュンペイくん、アスミくんの言う通りです。

ＡさんはＢさんに撮影や編集を任せ、パフォーマンスに集中することでより多くの収入を得られるようになるはずです。撮影や編集の技量についてＢさんはＡさんより劣っているので、時にはＡさんがＢさんに指示を出して追加の撮影や編集のやり直しをさせることはあるかもしれません。それでもＡさんは、これまで撮影や編集に費やしていた時間の多くをパフォーマンスに割けるようになるはずです。

仮にＡさんが撮影や編集に活動時間の半分を費やしていたのだとすれば、Ｂさんに任せることでパフォーマンスに割ける時間が最大で2倍になり、ユーチューブへの投稿で得られる収入も最大で2倍になる可能性があるでしょう。Ｂさんにアルバイト料を払っても十分にお釣りがくるはずです。しかもこの選択にはＢさんがアルバイト収入を得られる利点もありますね。

では、これを国の貿易に置き換えてみましょう。

A国では自動車とビールを生産しています。ある日、同じように自動車とビールを生産しているB国が「我が国はビールの生産が得意なので、A国にビールを輸出したいと思います。A国はビールの生産をやめて得意な自動車の生産に集中したらどうですか」と貿易を持ちかけます。

ただし自動車もビールもA国の生産性がB国を上回り、より多く生産しています。両国の年間生産量は以下の通りです。

A国：自動車が1万台、ビールが5000本
B国：自動車が2000台、ビールが4000本

先のクイズで言えば、自動車がパフォーマンス、ビールが動画の撮影や編集に相当しますね。そして先のクイズ同様、A国はB国の提案に応じてビールを輸入し、自動車の生産に集中した方が経済的な利点は大きくなります。それまでビールの生産に振り向けていた人やモノ、お金を得意な自動車の生産に集中させられるからです。もちろんB国もビールの輸出で潤うので経済的な利点を享受できますね。

図4-2　比較優位の考え方

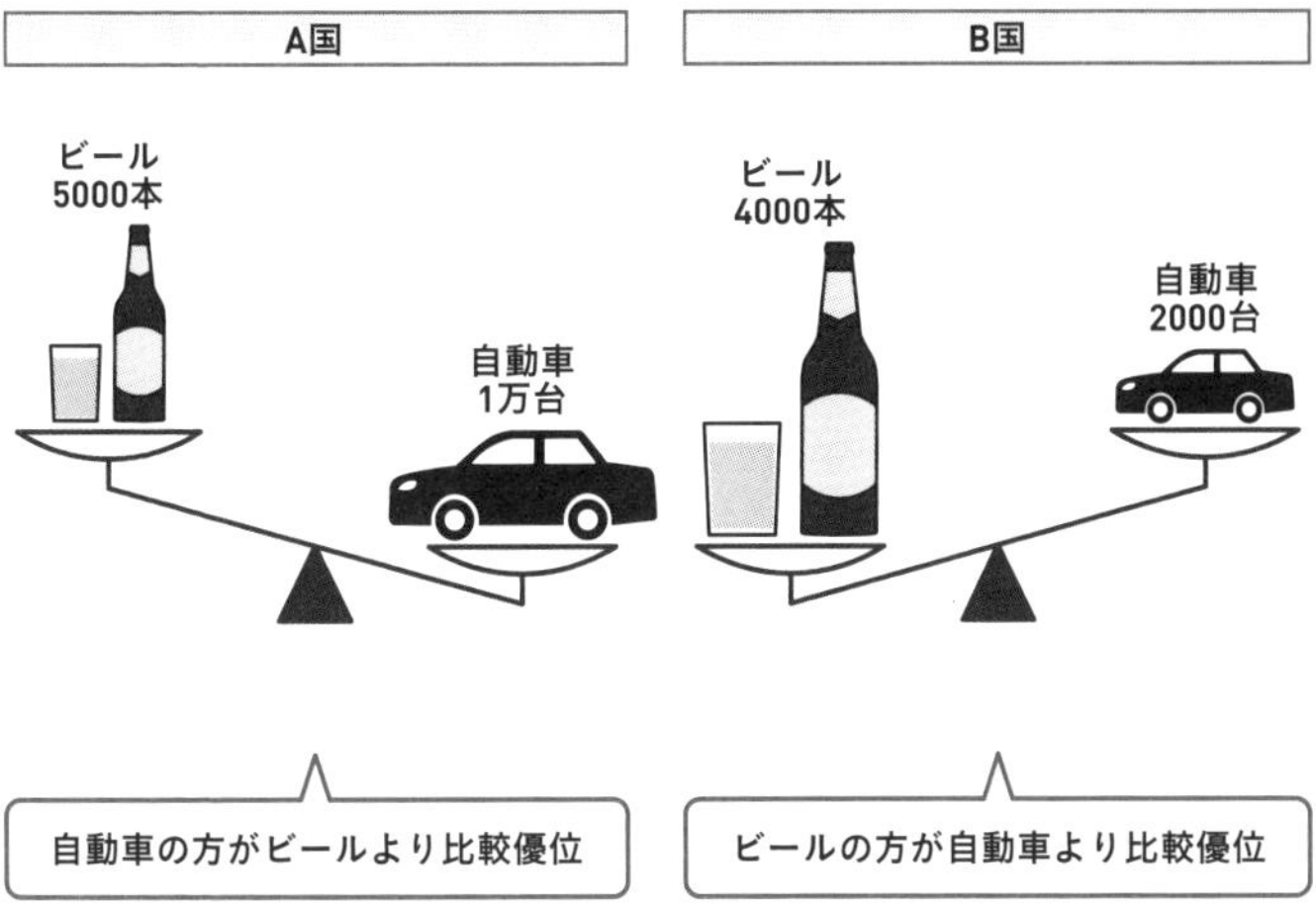

これらの双方の利点について、リカードは**「比較優位」**という概念を用いて説明しています。

もう一度、A国、B国のそれぞれの年間生産量に注目してください。

A国では自動車の年間生産台数が1万台、ビールが同5000本ですから、生産性は自動車がビールを上回っています。

一方、B国は自動車の年間生産台数が2000台、ビールが同4000本ですから、生産性はビールが上です。

この状況について、リカードは**A国では自動車が「比較優位」にあり、B国ではビールが「比較優位」にあると定義します**。逆にA国ではビールが「比較劣位」にあり、B国では自動車が「比較劣位」にあるとも定義します。

そしてA国が自動車に、B国がビールにと、それぞれが「比較優位」のある産業に人やお金などの資源を投入すれば、自動車もビールもA国とB国を合わせた全体の生産量が増え、貿易を通してA国もB国も経済的利点を享受できると指摘しました。

「それぞれの国が国内で『比較優位』にある生産性の高い産業に資源を投入すれば、国全体の生産性が上がり経済が発展する。貿易をそれが可能にする」というわけですね。

それだけではありません。

リカードはさらに「**この時、A国とB国の生産性の優劣は問題にはならない**」と言います。

どういうことなのか。

自動車もビールも生産性はA国がB国を上回っていますよね。この状態を「A国はB国に対して『絶対優位』にあり、またB国はA国に対して『絶対劣位』にある」と言います。そのような関係があるにもかかわらず、A国がB国からビールを輸入し、B国がA国から自動車を輸入すれば、両国は経済的に潤うというのがリカードの主張です。

つまり、リカードは**それぞれの国が国内で「比較優位」にある産業に資源を投入して貿易を行えば、「絶対優位」にある国はもちろん、「絶対劣位」にある国も潤う**、と説いたのですね。

貿易で重要なのは「絶対優位」ではなく「比較優位」であるというわけです。

どうでしょう、皆さん、リカードの「比較優位」の概念には目を開かれる思いがしませんか？

貿易というと、強い国際競争力を持つ国が他国の市場に輸出攻勢をかけるといったイメージがどうしてもつきまといます。それもあって私たちは、他国より絶対的に強い国際競争力を持たなければ輸出できないと考えてしまいがちですが、リカードは「比較優位」の概念を通して「決してそんなことはないのだ」「貿易は国際競争力に乏しい国も潤してくれるのだ」と訴えたのですね。

リカードにとって**貿易とは、「国際競争」ではなく「国際分業」なのだと言ってもいいでしょう**。そして、その当然の帰結としてリカードは、「国は貿易に対して何の制限を加えるべきではない」とする自由貿易論を唱えました。

あの、よろしいでしょうか？　貿易が双方の国を潤すのなら、なぜ貿易している国同士がいがみあったりするのでしょう？　中にはアメリカのトランプ前大統領のように「輸入品の増加が国内の雇用を奪っている」と主張して、輸入を減らそうとする政治家もいますよね。

鋭い指摘ですね。カンチくんの言う通り、トランプ前大統領は「輸入品の増加が国内の産業を衰退させ、アメリカ人の雇用を奪っている」と主張して、**「輸入品に課す税金である関税」を引き上げました。関税が上乗せされるとその分、輸入品の値段が上がるので、国内製品の保護につながります。**

具体的には、２０１８年から２０１９年にかけて中国からの輸入品の関税率を何度も引き上げ、対象も全輸入品に広げていきました。その結果、２０１７年1月の大統領就任時にはおよそ3パーセントだった中国からの輸入品の平均関税率は、２０１９年末には20パーセント超に上がりました。

トランプ前大統領は、さらにＥＵなどから輸入している鉄鋼製品やアルミ製品の関税を２０１８年に引き上げました。反発したＥＵはアメリカ産の鉄鋼やアルミ製品、オートバイ、ウイスキーなどに報復関税を課しています。

もしリカードが生きていたら、トランプ前大統領の保護主義的な措置に対して「自由貿易の理想を踏みにじる政治の愚行だ」と激怒するかもしれませんね。

でも、そのトランプ前大統領を支持する人はいましたよね。

カンチくんの言う通りですね。トランプ前大統領の一連の保護主義的な政策はアメリカ国内で一定の賛同を得ただけでなく、一部の熱狂的な支持者、いわゆるトランプ主義者を生む原動力にもなりました。

この事実は、**自由貿易の理想と現実の間にある溝を象徴的に示していると言えるのではないでしょうか**。

貿易の拡大は、長期的には輸出国・輸入国双方の経済を潤してくれるはずです。しかし**短期的には国内で「比較劣位」にある産業をいっそう衰退させてしまいます**。

先ほどのA国とB国の例に戻れば、B国がA国にビールを輸出し、A国がビールの生産をやめて生産性の高い自動車に集中した場合、A国ではビール産業が衰退し、企業の倒産や失業が増えてしまいます。

ビール産業で働く人たちにとって、これは死活問題ですよね。国が企業に補助金を交付して他の業種への転換を促したり、労働者に職能訓練を施して再雇用への道を開こうとしたりしても、うまくいくとは限りません。業種転換や職種転換には多大な苦労が伴いますし、時間もかかります。そもそも慣れ親しんだ事業や仕事を失う喪失感は、お金だけでは埋められません。

トランプ前大統領は、アメリカでそんな状況に置かれている人たちの憤懣（ふんまん）や屈託をすくい上げ、支持を得たのです。具体的には鉄鋼や石炭など地域の主要産業が衰退したイリノイ州やペンシルベニア州などの工業地帯、いわゆるラストベルトの労働者たちです。自由貿易を唱える共和党主流派はおろか労働者の味方だったはずの民主党からも見捨てられた、と疎外感を抱いていた彼らに視線を注いだ点では、トランプ前大統領は政治家としての機略に長けていたと言えるでしょう。

ちなみにラスト（rust）とは「金属の錆び」の意味で、鉄鋼や石炭産業の衰退を象徴する言葉として使われています。

トランプ前大統領は、貿易とは国際分業ではなく自分たちの生活を脅かす国際競争だとの思いを持つラストベルトの労働者たちの声を代弁したのです。**自由貿易の理想と現実の間で苦しむ人たちがいる限り、今後も彼のように強硬な保護主義を唱える指導者が、アメリカに限らず世界各国で登場するでしょう。**他国との貿易摩擦を抱えている国は今も少なくありませんからね。

ＷＴＯの理念から将来を占う

今後、自由貿易はどうなってしまうのでしょうか？

非常に難しい問題ですね。

自由貿易は今、壁に突き当たっています。トランプ前大統領のような指導者の台頭だけではありません。コロナ禍で国境を越えた人の移動に厳しい制約がかかっています。頼みのワクチン接種も先進国が中心で、途上国は「先進国がワクチンを抱え込んでいる」と不満の声を挙げています。事実、EUはワクチンの輸出に規制をかけました。

しかし**今はあくまで揺れ戻しの時期であり、長い目で見れば自由貿易・国際分業は再び着実に進展していくはずだと期待しています**。

というのも過去、自由貿易の理想は何度も試練に直面し、その度に先進各国は自由貿易を推進するための国際的な体制を構築し、強化してきたからです。

自由貿易体制の歴史をひも解いてみましょう。

その出発点は、実は1929年の「**世界大恐慌**」でした。

同年10月、アメリカのニューヨーク証券取引所で起きた株価の大暴落をきっかけに、全世界が激しい景気後退に見舞われました。通常なら長くても2、3年で終わる不況は予想以上に長期化して1940年代初めまで続き、第2次世界大戦の遠因ともなりました。

アメリカやイギリスなどが自国産業を守ろうと輸入品に高い関税を課したために、世界の貿易額が減少してしまい、各国が経済立て直しのきっかけを得られなかったからです。

終戦後、各国はその反省を踏まえて１９４７年に「関税および貿易に関する一般協定（ＧＡＴＴ）」を締結しました。ＧＡＴＴは関税引き上げなどの貿易制限を廃止し、自由貿易を推進するための国際協定です。その翌年「ＧＡＴＴ体制」と呼ぶ自由貿易体制を発足させます。

さらに**１９９４年には、ウルグアイで行われたＧＡＴＴの話し合いで、各国が自由貿易体制を堅持するための正式な国際機関であるＷＴＯ（世界貿易機関）の設立に合意し、翌年、ＷＴＯが設立されました。**

ＷＴＯはＧＡＴＴの理念を引き継ぎ「関税引き上げなどの貿易制限の廃止や、貿易相手国によって関税率を変えるような差別の撤廃、加盟国間での自由貿易の推進」を掲げました。また関税率など加盟国間の貿易ルールはＷＴＯで話し合い、決定するのが国際ルールになりました。

しかし、加盟国が増え１５０カ国・地域を超えるようになると、各国の利害が錯綜（さくそう）して話し合いがなかなかまとまらない問題が際立ってきました。

それに伴い、利害の一致しやすい国同士が、ＷＴＯとは別に貿易促進のための個別の協定を結ぶ動きが本格化していきます。

特定の国や地域との間で関税を撤廃し、自由貿易を促進する「ＦＴＡ（自由貿易協定）」や、**モノの貿易だけでなく、人の移動や投資規制の自由化など幅広い経済分野での連携を目指す**

「ＥＰＡ（経済連携協定）」がその代表です。２０２１年5月現在、それらの協定は世界でおよそ３５０に達します。

日本も例外ではありません。ＡＳＥＡＮ（東南アジア諸国連合）やインド、ペルー、チリとのＥＰＡに加えて、２０１８年にはカナダやオーストラリア、ニュージーランド、シンガポールなどとともに11カ国間のＥＰＡであるＴＰＰ（環太平洋パートナーシップ協定）を発効させました。さらに２０１９年には日本・ＥＵ経済連携協定を、２０２０年には日米貿易協定を発効させています。

日本も含めたＦＴＡやＥＰＡは、自由で無差別な貿易の促進を掲げるＷＴＯの理念とは矛盾しないのでしょうか？

両者の関係は実は複雑です。**ＦＴＡやＥＰＡはＷＴＯの理念に反すると同時に、ＷＴＯの理念実現を推進する協定でもあるからです。**

特定の国や地域との間で自由貿易を促進したり、人の移動や投資規制の自由化を進めたりするのは、その他の国や地域に対して壁を構築することにつながりかねません。一方でＥＰＡやＦＴＡが世界各国で結ばれるようになれば、貿易自由化の恩恵に浴する国や地域は広がっていきます。

このような両者の、いわばねじれた関係を踏まえて、**WTOは「条件付きでFTAやEPAを認める」という方針を取っています。**

「FTAやEPAを締結する時、他の国や地域に対して関税を引き上げるような自由化に逆行する制限を設けない」「FTAやEPAを結んだ国や地域同士では、実質上すべての貿易を自由化する」という条件です。

協定を結んでいない国や地域との壁を作らせないようにしながら、協定を結んでいる国同士では高い水準での貿易自由を実現してほしいと促しているのですね。

ちなみにWTOは、貿易品目の何割まで関税を撤廃すれば「実質上すべての貿易を自由化する」ことになるのか数字を明確に示していませんが、これまで認められたFTAやEPAの実績から「90パーセント以上」が目安とされています。WTOの方針は高邁（こうまい）な理念を掲げつつ、足元の現実も見据えた1つの知恵だと言ってもいいでしょう。

TPPの動向に注目すべし

いかがでしたか？　世界の自由貿易体制の歴史はまさに「二歩進んで一歩下がる」ですよね。だとすればコロナ禍が収束し、国境を越えた人の交流が再び活発になれば、いつかまた自由貿易を再評価する機運が世界で高まると期待して良いのではないでしょうか。

そして、その**鍵を握るのはやはりアメリカだと私は考えています**。

日本を含む11カ国が2018年に発効させたTPPは、実はオバマ元大統領時代のアメリカ政権が強力に推進したEPAでした。アジア・太平洋地域に多国間の巨大な自由貿易圏を実現することが、アメリカの国益にかなうと考えたからです。しかし保護主義を掲げるトランプ前大統領のもとで、アメリカはTPPから離脱してしまいました。

バイデン大統領はオバマ政権で副大統領としてTPP交渉を推進してきましたが、現時点ではTPPへの復帰について明言していません。コロナ対策が最優先の課題であるのに加え、2018年の大統領選で、ラストベルト、つまりイリノイ州やペンシルベニア州などの工業地帯では、トランプ氏からバイデン氏への支持に転じた労働者が少なくありませんでした。彼らの反発を考えると、TPPに言及するのは時期尚早だと考えているのでしょう。

しかし日本も含めて世界の主要な国や地域で**コロナ禍が収束すれば、バイデン大統領は復帰に向けての地ならしをするはずだと見ています**。

それが2022年中なのか、あるいは2023年になるのか。いずれそれを示すニュースがきっと報じられるでしょう。

第5回目

消えたインバウンドと
日本経済浮上への課題

授業のテーマ

国民経済の見方
貿易赤字国から成長へ

観光立国、日本の危うい現状と 10年後、20年後の可能性

コロナ禍になってからというもの、仕事で都心に出るたびに街の様子がすっかり変わってしまったことに心を揺さぶられますね。繁華街はそれなりに賑わっていますが、コロナ禍以前には街のそこここで見かけた欧米やアジアからの旅行者がまったくいなくなり、外国人の姿がまばらです。

コロナ禍以前は年を追うごとに訪日外国人旅行者が増えていましたものね。外国人旅行者が増えすぎて観光地がごった返したり、地元の人たちの生活に支障が出たりする「オーバーツーリズム（観光公害）」が話題になりましたよね。

あれからそれほど経っていないのに、何だか遠い昔の話みたいだね。

訪日外国人旅行者の誘致による観光立国の実現は、実は日本政府が国を挙げて推進した経済振興策でした。訪日外国人旅行者の日本国内での消費、すなわち「**インバウンド消費**」を拡大して、このままでは衰退しかねない日本経済を上向かせようという狙いがあったのです。

しかし、コロナ禍での訪日外国人旅行者の〝蒸発〟で、その目算が完全に狂ってしまった格好ですね。

シブチン先生、もしかして今回は訪日外国人旅行者と観光立国について講義するおつもりなのですね？

アスミくん、相変わらず冴えていますね。その通りです。

今回の授業では、訪日外国人旅行者の急増とコロナ禍による激減という話題を取り上げて、**「国際収支」や「経常収支」「貿易収支」「サービス収支」などの国民経済、つまり一国の経済全体を見る上で重要な概念について解説したいと思います**。

そしてそれらの講義を踏まえて、日本経済の現状と課題を皆さんに理解してもらいたいと考えています。

というわけで、本題に入りましょう。まず政府の国策によって訪日外国人旅行者がどのくらい増えてきたのか、そしてそれがコロナ禍でどのくらい減ってしまったのかを見てみたいと思います。

訪日外国人旅行者の誘致が国策として明確な形で打ち出されたのは２０１３年でした。当時の第２次安倍政権は成長戦略の一環として海外からの旅行者の誘致を掲げ、同年に「外国人旅行者の受け入れの改善」「ビザ要件の緩和による訪日旅行の促進」などの観光立国実現に向けたアクション・プログラム（実行計画）を取りまとめました。

これを受けて、航空運賃の安いＬＣＣ（格安航空会社）の就航を増やし、またタイやマレーシアの人たちが短期滞在で日本を訪れる際にビザの取得を免除するなど、ＡＳＥＡＮ（東南アジア諸国連合）へのビザ取得条件の緩和を実施しました。この結果、同年以降、訪日外国人旅行者は右肩上がりで増えていきます。

日本政府観光局（ＪＮＴＯ）によれば、２０１２年に８３６万人だった訪日外国人旅行者は２０１３年には１０３６万人と一気に２００万人も増え、**２０１９年には３１８８万人と２０１２年の４倍近くに達しました**（図５－１参照）。

政府はこの成果を踏まえ、東京オリンピック・パラリンピックの当初の開催年だった２０２０年には４０００万人、２０３０年には６０００万人へとさらに増やす目標を掲げました。６０００万人という数字は、国連世界観光機関（ＵＮＷＴＯ）が発表した２０１９年の「世界各

図5-1　訪日外国人旅行者の推移

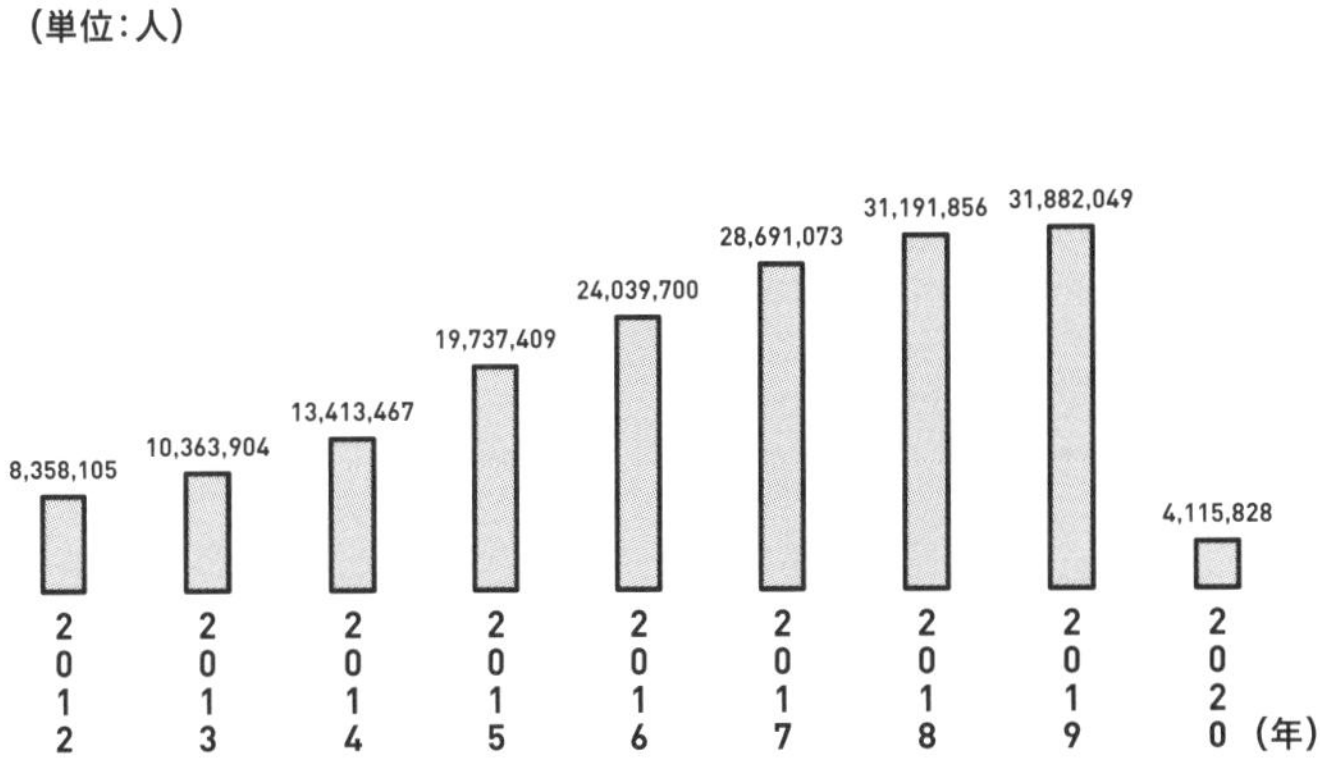

2012年以降伸びてきた訪日外国人旅行者は2020年コロナ禍で激減した。

出典:日本政府観光局(JNTO)の推計より作成

国・地域への外国人訪問者数ランキング」で世界5位の中国とほぼ同水準ですから、野心的な目標でした（図5－2参照）。

そして、その目標実現によって2018年には4・5兆円だった訪日外国人旅行者の国内での旅行消費額（インバウンド消費の額）を、2020年には8兆円、2030年には15兆円まで拡大しようと目指しました。

しかしコロナ禍で目標が水泡に帰したのは先ほど言った通りです。

日本政府観光局（JNTO）によれば、**2020年の訪日外国人旅行者は412万人と2019年から9割近くも減ってしまいました**。目標だった4000万人の10分の1の水準ですね。しかも2021年に入っても回復の兆しはまったく見えていません。

図5-2　世界各国・地域への外国人訪問者数（2019年）

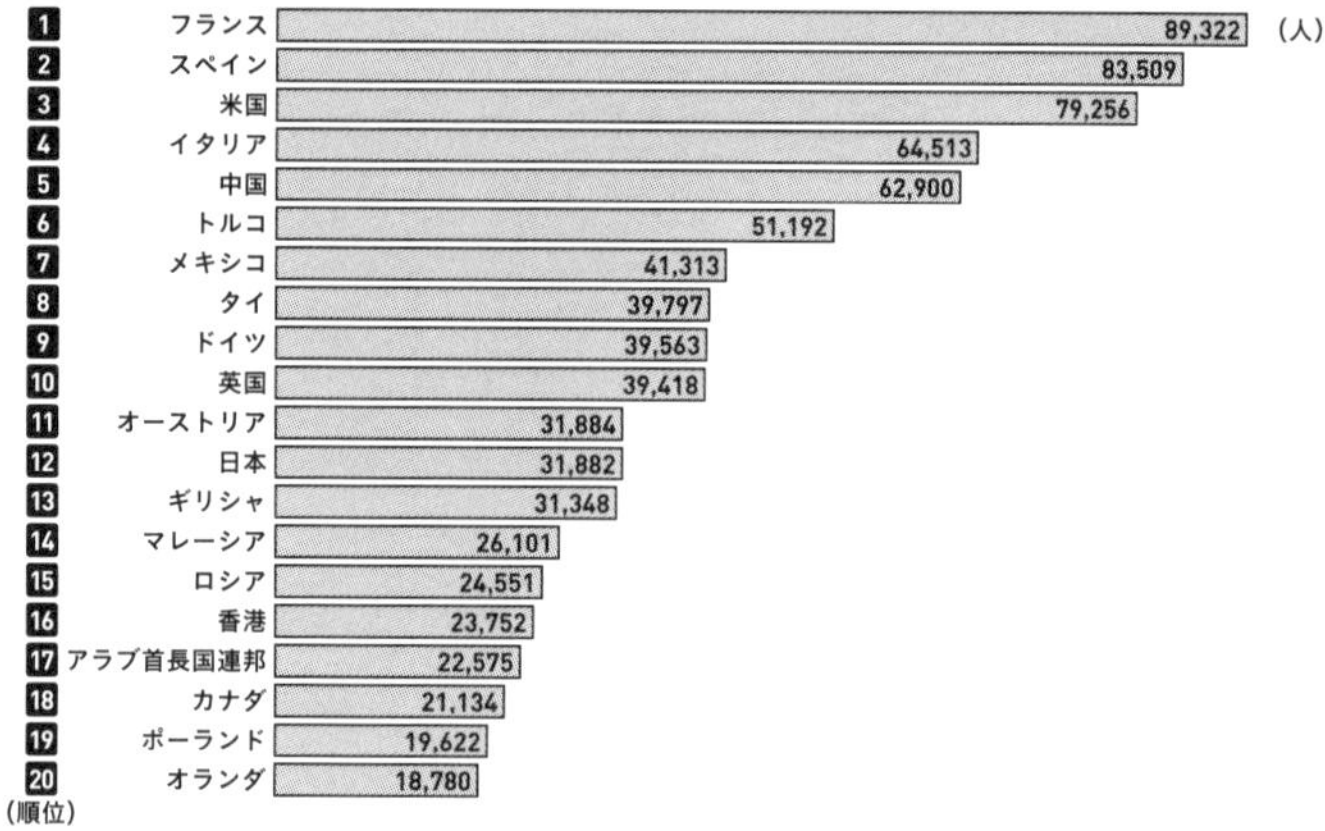

出典：国連世界観光機関（UNWTO）

補足すれば、２０２０年に日本を訪れた４１２万人の国・地域別の内訳は中国が１０６万人、台湾が69万人などです。政府はコロナの感染が一時落ち着いた２０２０年７月以降、ビジネス目的などに限り、中国や韓国など一部の国との往来を認めました。４１２万人のほとんどがビジネス中心の訪日だったのですね。

しかも日本政府は２０２１年１月以降、変異株への水際対策の強化を図るため、ビジネス目的での訪日も規制しており、２０２１年の訪日外国人旅行者は２０２０年を下回りそうです。

前回の授業でも述べたように、ワクチン接種が進んでいるのは主に先進国です。世界中でコロナ禍が収束し、国境を越えた人の行き来が本格的に再開されるのは数年先でしょう。それまで日本は観光立国の旗を降ろさざるを得ません。これは**実は、日本経済にとっては由々しき事態です。**

観光立国の実現は、日本経済を上向かせる上でそれほど大きな効果があったのですか？

良い質問ですね。海外からの旅行者の誘致は経済を潤します。とりわけ現状の日本経済にとっての利点は非常に大きいと言えます。

それを説明するために先に挙げた、「国際収支」や「経常収支」「貿易収支」「サービス収支」などの国民経済を見る上で重要な概念について解説しましょう。

先日の授業でも講義したように「経済のグローバル化」が進んだ現代では、ほぼすべての国が他国と貿易を行っています。また企業は他国の企業との間でお金の貸し借りをしたり、株の売買を通して株主になったり、株主になってもらったりしています。企業だけではありません。今や個人でも資産運用のために、外国企業の株を組み込んだ投資信託を保有している人が少なくありません。そうした人たちもまた他国の企業に間接的に出資していることになります。

「国際収支」や「経常収支」「貿易収支」「サービス収支」などの用語はどれも、それらの輸出入やお金の貸し借りなどで発生した一定期間の、通常は1年間の「収支」を示しています。

図5-3　国際収支や経常収支の関係

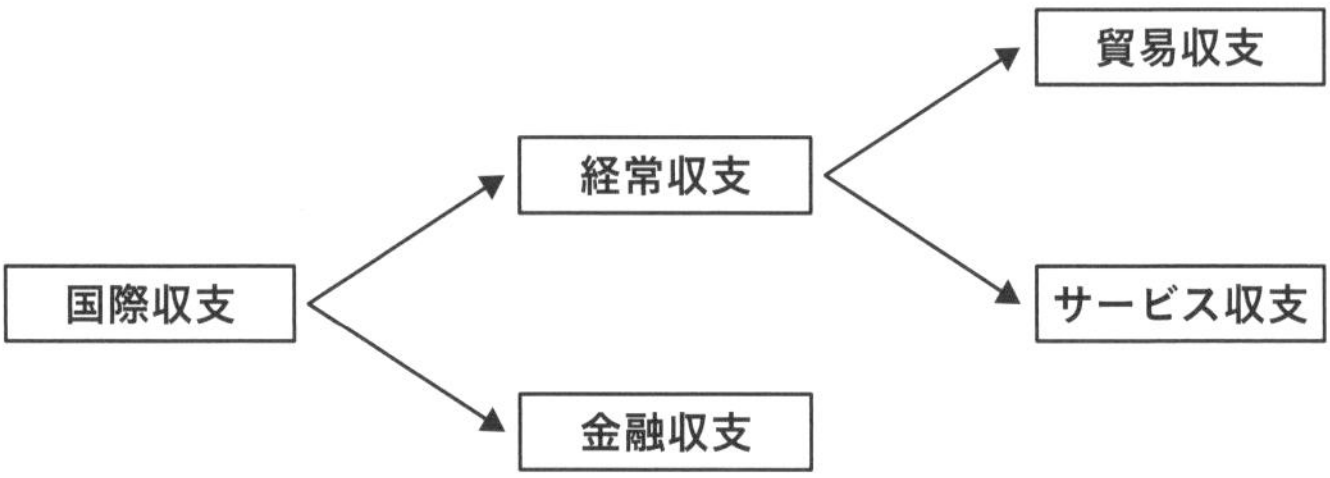

「収支」とは収入から支出を差し引いた金額、つまり差額のことですね。用語が複数あるのは、モノの輸出入やお金の貸し借りなどの項目によって使い分けているからです。

順番に説明していきましょう。

まず**「国際収支」はモノの輸出入や投融資、海外旅行で動いたお金など、一国の諸外国との経済的な取り引きで発生したすべての収入からすべての支出を差し引いた差額を示します**。つまり国際収支を見れば、ある国が諸外国との取り引きを通してどのくらいお金を得ているのか、お金を失っているのかが分かるのです。

「国際収支」は「経常収支」と「金融収支」に分けられます。

「経常収支」は、さらに「貿易収支」と「サービス収支」に分けられます。

その関係は図5－3のようになります。

「貿易収支」「サービス収支」「経常収支」「金融収支」という順番で説明していきましょう。

「貿易収支」は読んで字の通り、自動車や家電などモノの輸出入の差額です。輸出で得た収入から輸入で支払った支出を差し引いた金額ですね。

「日本は貿易黒字国だ」と言ったのは、この貿易収支が黒字であるということなのですね。

その通りです。かつて「日本は貿易黒字国だ」とよく言いましたね。とりわけ1980年代から90年代前半にかけては、日本のアメリカに対する巨額の貿易黒字が、日本の輸出攻勢にさらされるアメリカの自動車メーカーなどから反発を招き、貿易不均衡による日米通商摩擦が発生しました。

ただし、あとで詳しく講義しますが、**今や日本は貿易黒字国だとは言えません。他国とのモノの輸出入全体では、貿易収支は赤字基調を続けているのです。**

また、こうした現状があるからこそ、「観光立国の実現は日本経済にとって大きな利点」になり、かつ「コロナ禍での訪日外国人旅行者の蒸発が由々しき事態」になってしまったのです。それらもあとで解説したいと思います。

今しばらく用語解説を続けましょう。

「サービス収支」は、サービス分野での他国との経済的なやりとりの収支を示します。

その代表的な項目は、今回の授業に関連する「**旅行収支**」です。

「旅行収支」は、訪日外国人旅行者が日本国内で支払った宿泊費や飲食費、買い物代金などの収入から、日本人が海外旅行で支払った宿泊費や飲食費、買い物代金などの支出を差し引いた金額です。訪日外国人旅行者の増減に左右されるのがまさにこの指標ですね。

また「サービス収支」には、海外の企業が日本企業に支払った特許権使用料などの知的財産権使用料、つまり知的財産権収入から、日本企業が海外に支払った知的財産権使用料、つまり知的財産権支出を差し引いた「知的財産権収支」などが含まれます。

そして、**今説明した「サービス収支」と、先に説明した「貿易収支」を合わせた収支を「経常収支」と呼びます。**「経常収支」にはほかに、国内の親会社が海外の子会社から受け取る配当金や利子など一部の金融取引の収支も含まれますが、金額はさほど大きくはありません。「経常収支」は、主にモノの輸出入とサービス分野での他国との経済的なやりとりを合わせた収支だと言っていいでしょう。

「金融収支」は、「経常収支」に含まれる一部の金融取引を除いた、国際間の投資や融資、金融商品の売買などの収支を示します。この中には企業による海外企業への投融資はもちろん、私たち個人が外国株などの購入などで得た利益も含まれます。

前回の授業でも触れたように、グローバル経済の進展によって今や莫大なお金が国境を越えて行き交っています。アメリカ企業の株を買ったり、新興国企業の株を組み込んだ投資信託で運用したりする日本人も少しずつ増えてきました。一方、日本の株式市場で外国人投資家が売買する金額は、総取引額の6割以上を占めています。

このようなマネーのグローバル化に伴い、「金融収支」を算出する際の、日本企業や日本国民が外国企業などへの投融資で得た「金融収入」も、外国人投資家に支払われる日本企業の株の配当金などの「金融支出」も巨額になっています。

日本が貿易赤字国になった3つの理由

ここまで「国際収支」や「貿易収支」など国民経済を見る上で重要な概念について解説してきました。

皆さんが私の言ったことを理解してくれたのかを確認するために、ここで1つ問題を出してみたいと思います。

「国際収支」は「経常収支」と「金融収支」に分けられ、「経常収支」はさらに「貿易収支」と「サービス収支」に分けられると言いました。**では「国際収支」「経常収支」「貿易収支」の3つでは、どの順番で金額が大きくなるでしょうか？　カンチくん、どうかな？**

「国際収支」は「経常収支」を含み、「経常収支」は「貿易収支」を含むのだから……あ、この問題は引っかけですね。順番は決まっていません。

私の意地悪な意図を鋭敏に見抜きましたね。正解です。**順番は決まっていません**。

例えば「貿易収支」が黒字でも、「サービス収支」が赤字だったら「経常収支」は「貿易収支」より小さくなります。逆に「貿易収支」が赤字でも「サービス収支」が黒字なら、「経常収支」の赤字は「貿易収支」より小さくなり、「経常収支」が「貿易収支」を上回ります。

では、これらを踏まえて、日本経済の現状と課題について講義を進めていきたいと思います。

先ほど、日本は他国とのモノの輸出入全体では貿易収支は赤字基調を続けており、貿易黒字国とはもはや言えないと指摘しました。財務省の貿易統計を見れば、それがよく分かります。

毎年の輸出額・輸入額を比較すると、1981年から2010年までは30年近くにわたって輸出額が輸入額を上回り、貿易黒字を続けてきました。輸出額が輸入額を10兆円以上上回る年も少なくありませんでした。

ところが2010年以降は、2016年と2017年を除くと毎年、輸出額を輸入額が上回る貿易赤字が続いています。

コロナ禍以前の2018年は輸出が81兆4787億円だったのに対して、輸入は82兆7033億円、およそ1兆円の貿易赤字です。2019年は輸出が76兆9316億円だったのに対して、輸入は78兆5995億円でした。およそ1兆5000億円の貿易赤字ですね。

なぜ日本は貿易黒字国から貿易赤字国になってしまったのか。

理由は主に3つあります。**1つは日本企業による海外現地生産の進展です**。1980年代後半から90年代前半にかけて激化した日米通商摩擦や円高をきっかけに、自動車メーカーを中心に多くの輸出企業が生産拠点を海外に移しました。輸出が現地生産に置き換わった分、輸出額が減ったのです。

2つ目は2011年の東日本大震災による福島第一原子力発電所の過酷事故です。原発の安全神話が崩壊し、多くの原発が稼働を停止した結果、火力発電用の原油や液化天然ガス、石炭の輸入額が増えました。

そして**3つ目が、日本企業の国際競争力の低下です**。3回目の「コロナ禍での働き方改革の可能性」の授業で、日本は2000年以降、家電や情報家電、半導体など多くの分野で韓国や中国との競争に敗れ、かつインターネットやITの分野での国際競争で存在感を発揮できていないと指摘したのを思い出してください。

電子部品や炭素繊維のような素材については国際競争力を何とか維持していますが、ジャパンブランドの製品が世界を席巻していた1990年代は、すでに過去の栄光になりました。その結果、1970年代から2000年まではほぼ一貫して伸びてきた輸出額が頭打ちになってしまったのです。

前回の授業でイギリスの経済学者リカードの「比較優位」を紹介しましたね。それに従って言えば、日本は、「比較優位」にあるモノ作りに人やお金などの資源を投入することで、国全体の生産性を伸ばしてきました。同時に日本はモノ作りでの他国に対する「絶対優位」、つまり品質や性能の高さによって輸出で富を稼いできました。

しかし**2000年以降、その「絶対優位」が失われ、輸出で稼げる富が減ってしまったのです**。リカードが提唱したように、貿易は国際競争力に乏しい国も潤してくれます。ただし、どれだけ潤してくれるかは「絶対優位」、つまり国際競争力にも左右されます。日本はその国際競争力に陰りが出てきているのです。

これは日本経済にとって非常にやっかいな問題です。3回目の授業で、1995年から2015年までの日本のGDP（国内総生産）成長率はOECD加盟36カ国中、34位だったと言いましたね。その理由の1つは輸出の停滞なのです。

輸出の停滞がGDPに大きな影響を与える

ここで「貿易収支」や「サービス収支」と、GDPの関係について押さえておきましょう。3回目の授業の復習になりますが、GDPとは一定期間内に国内で新たに生み出されたモノやサービスの付加価値の総額、つまり一国内でのあらゆるモノやサービスの売り上げから、それらを生み出すために用いた原材料などの費用を差し引いた金額です。

GDPには輸出や企業の設備投資、個人消費、すなわち私たち国民の消費によって生まれた付加価値などが含まれます。

それらの割合は、2000年からコロナ禍前の2019年まではおよそ以下の通りでした。

- **輸出＝10数パーセント**
- **個人消費＝50数パーセント**
- **企業の設備投資＝10数パーセント**

・政府最終支出（公共事業など政府の支出によって生まれた付加価値）＝約20パーセント

輸入は計算に入れないのでしょうか？　ＧＤＰとはどういう関係になるのですか？

良い質問ですね。もちろん輸入もＧＤＰを算出する時の項目の１つになります。ただし**輸入はＧＤＰにとってはマイナス要素になります**。

私たちがフランスやイタリアから輸入したブランド品を国内の百貨店などで購入したとします。売り上げから原材料費などを差し引いた付加価値は主に誰が手にしますか？

ブランド品を作ったフランスやイタリアのメーカーだと思います。

正解です。いったんは国内の百貨店などに売り上げが立ちますが、百貨店などが得られるのは主に販売手数料あるいはテナント料などで、付加価値の多くはブランド品を作ったフランスやイタリアのメーカーが手にします。

同様に国内で販売された輸入品の付加価値の多くは、ブランド品に限らず、外車でもワインでも海外の企業が手にします。このためＧＤＰを算出する時には、百貨店や自動車ディーラー、食品スーパーなどの売上高に基づいていったん算出した付加価値額から、輸入分を引き算しなければならないのです。

逆に輸出については、海外でいったん売り上げが立ちますが、付加価値の多くを日本企業が手にします。このため輸出は増えれば増えるほど、GDPにとってプラスに働くのです。

その輸出が停滞しているから、日本経済の先行きがやっかいだというわけですね。

その通りです。前回の授業で紹介したリカードは、**生産性の低い「比較劣位」の産業が生産する商品を輸入品で代替し、人やカネを生産性の高い「比較優位」にある産業に集中させれば、その国の生産性は高まり、利益が増えて潤うと説きました。**

これを成り立たせるためには「比較優位」にある産業への人やカネの集中によって得られる利益が、輸入への切り替えで失われる利益を上回らなければなりません。

ではそれには何が必要か？　需要ですよね。需要がないのに人やカネを集中して生産を増やしたら商品は売れ残り、利益を得るどころか赤字に陥ってしまいます。

しかし皆さんもご存知の通り日本は人口が減少しつつあります。国内の需要は人口と1人当たりの消費額の掛け算ですから、人口減少は需要を減少させてしまいます。そんな日本にとって**「比較優位」にある産業に人やカネを集中させ、より大きな利益を得るためにも輸出は生命線だったのです。**

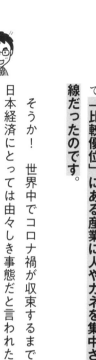

そうか！　世界中でコロナ禍が収束するまで観光立国の旗を降ろさなければならないのは、日本経済にとっては由々しき事態だと言われた意味がようやく分かりました。貿易黒字国から脱落してしまった日本にとって、訪日外国人旅行者の誘致は新たな利益を獲得する手段にほかならなかったのですね！

そういうことです。観光庁によれば、訪日外国人旅行者１人当たりの１回の旅行消費額は、２０１８年には15万３０２９円でした。これは日本人１人当たりの年間消費額１２５万円の８分の１の金額です。つまり**外国人旅行者が８人来てくれれば、日本人１人の１年分の消費が生まれるのです。そして、外国人の消費によって生まれる利益のほとんどを日本企業が手にできます。**

しかも観光は関係する業種が多岐にわたるため、経済波及効果がとても大きな産業だと言えます。訪日外国人旅行者の消費によって付加価値を得られる業種は、ホテルや旅館などの宿泊業、百貨店や土産物店などの小売業、エアラインや鉄道などの輸送業にとどまりません。レストランや居酒屋などの飲食業、小売業が売る商品を製造するメーカー、レストランで出される食材を生産する農林水産業や食品メーカー、さらには情報サービス業、広告業、金融業などそれこそ枚挙に暇がありません。

しかも、これらの業種は取り引きを通じて密接に絡み合っています。

旅行者が食事をしたり買い物をしたりして、旅行に関連する新たな売り上げが生まれた時、その売り上げを得た企業・業種だけでなく、ほかの企業・業種にも取り引きを通じて経済効果が伝わる関係を結んでいるのです。

例えば旅行者が土産物店で土産物を買ったとします。この時、直接の売り上げを得られるのは土産物店ですが、その土産物店に商品を納めている問屋や、問屋に商品を納めているメーカー、さらには商品の原材料を作っているメーカーにも効果が及びます。

観光庁の「観光白書」（2018年版）によれば、宿泊や買い物など旅行での消費額は2016年には26兆4000億円に達しました。ここから生まれた付加価値を先ほど述べた多くの業種が享受できたのです。

加えて観光産業には宿泊業や小売業など人をたくさん使う労働集約型の業種が集まっているので、観光のテコ入れによって新たに人を雇う**雇用創出効果**も期待できます。先ほどの「観光白書」では、旅行での消費によって、2016年には459万人の新たな雇用が生まれたとも分析しています。さらに言えば製造業は海外移転が進みましたが、観光産業が海外に移転することは決してありませんよね。

つまり政府が進める観光立国には、訪日外国人旅行者の誘致によってＧＤＰの成長率を少しでも高めようという狙いがあったのです。

もちろん訪日外国人旅行者の誘致がＧＤＰに寄与するためには、「貿易収支」と同様に、訪日外国人旅行者が日本国内で支払った宿泊費や飲食費、買い物代金などの「収入」から、日本人が海外旅行で支払った宿泊費や飲食費、買い物代金などの「支出」を差し引いた**「旅行収支」が黒字にならなければなりません。**

政府の後押しもあって、**２０１４年までずっと赤字が続いていた旅行収支は２０１５年に初めて黒字となり、コロナ禍前の２０１９年には黒字額が前年比９・１パーセント増の２兆６３５０億円にまで拡大していました。**

しかしコロナ禍での訪日外国人旅行者の〝蒸発〟で、その目算は完全に狂ってしまいました。２０２０年の訪日外国人旅行者が４１２万人と２０１９年から9割近くも減ったため、旅行収支の黒字額も79・2パーセント減の５６２１億円まで縮小しています。

10年後、20年後を見据えて、今取り組むべきこと

さて、今回の授業も終わりに近づいてきました。

最後に「コロナ禍で観光立国の旗を降ろさなければならない今、日本はどうするべきなのか」について、皆で話し合ってみましょう。

アスミくんはどう思う？　コロナ収束後も見据えて、日本経済を上向かせるためには今、何が必要だろう？

コロナ禍が収束したら、いずれ訪日外国人旅行者は戻ってきますよね。だとしたら今のうちに「オーバーツーリズム（観光公害）」の対策を打っておくのはどうかしら。オーバーツーリズムがあちこちで起きてしまった理由は、訪日外国人旅行者が東京や大阪を拠点に京都で寺社巡りをして富士山や箱根に立ち寄る、いわゆるゴールデンルートに集中しているからだと聞いたことがあるわ。日本のいろんな地域に分散して訪れてくれるように、今のうちに地域発の情報提供を海外に向けて実施したらどうかしら。

ジュンペイくんはどうかな？

僕はもう一度、日本の国際競争力を高めるために国を挙げて取り組むべきだと思います。国が企業の技術開発を思い切り支援したり、インターネットやＩＴの分野で事業がしやすいように規制を緩和したり、若い人の起業を後押ししたり、あらゆる手を尽くすべきだと思います。コロナ禍はいずれ収束すると思いますが、パンデミックはいつかまた起きるかもしれませんよね。そうなったら訪日外国人旅行者もまた〝蒸発〟してしまいます。輸出の落ち込みを観光で補うだけではなく、輸出自体を伸ばす努力も必要ではないでしょうか。

僕もジュンペイさんの意見に賛成です。訪日外国人旅行者の誘致は、日本のファンを増やすという意味で良い面がたくさんあるように感じますが、日本にはもともと優れた技術や人材が豊富なのだから、それを活かさない手はないと思います。

私も皆の意見に賛成です。**オーバーツーリズムを解消するための対策を打つ一方で、国や企業、とりわけ大企業には危機感を持って、輸出立国日本を再興するために邁進（まいしん）してほしい**。日本経済を立て直すためには今、何をすべきなのか。コロナ禍をきっかけに改めて真剣に考えてほしいと思います。

第6回目

コロナ後
景気はどうなるの?
前編

授業のテーマ

景気とは？　景気判断の方法

景気の奥深い概念を知れば経済社会の流れが見えてくる

今回の授業を始めるにあたって、まず皆さんに質問があります。

「**コロナ禍になってだいぶ時が経ちましたが、景気は良いのでしょうか？　それとも悪いのでしょうか？**」

景気の現状について、根拠も含めて皆さんの考えを聞かせてください。カンチくん、どう思いますか？

それは悪いに決まっていると思います。

根拠は？

コロナ禍で社会・経済活動に厳しい制約がかかっています。とりわけ東京では２０２１年に

入ってから緊急事態宣言とまん延防止等重点措置が繰り返され、飲食店は時短営業や酒類の提供自粛を強いられています。テレビや新聞では「もう限界だ」と言う店主の声がよく報じられていますよね。

宿泊業や鉄道なども観光客が減ってしまい経営が苦しいと聞いています。

あたしもカンチくんと同じ意見です。シブチン先生は2回目の授業で、ＪＲ東日本が民営化後、初めて赤字に陥ったと言われました（第2回目　39ページ参照）。こんなことが起きたのは、景気がかなり悪いからだと思います。

ジュンペイくんはどう思いますか？

僕も景気が良いはずはないとは思います。ただ2回目の授業で、シブチン先生はソニーグループの2020年度の好決算についても触れました。最終的な利益を示す純利益が史上初めて1兆円を超えたとのことでした。

コロナ禍での「巣ごもり消費」が追い風になった企業はソニーだけではありませんよね。それをゲームやネット通販、ネットの動画配信などを手がける企業は好調だと聞いています。

考えると、飲食店や宿泊業、鉄道などが苦しいから景気が悪いと断言して良いのかどうか、分からなくなってしまいます。

3人ともそれぞれ良いところに目をつけてくれましたね。カンチくんとアスミくんが指摘したように、飲食店や宿泊業、鉄道などはコロナ禍で苦境に陥っています。

飲食店や宿泊業の経営者に「景気はどうですか?」と聞いたら、おそらく全員が「悪い」と答えるでしょう。「当たり前のことを聞かないでほしい」と怒られてしまうかもしれませんね。それを知っているせいでしょうか、私たちの目に映る繁華街の雰囲気は心なしか沈滞しているように見えます。

一方、ジュンペイくんは純利益が史上初めて1兆円を超えたソニーグループの好決算を例に挙げ、「巣ごもり消費」がゲームやネット通販、ネットの動画配信などの業界に追い風になっている状況を指摘してくれました。

そんな企業の関係者に「景気はどうですか?」と質問したら、「悪い」とは決して言わないでしょう。多くは「ぼちぼち」などと控え目に答えつつ、内心では「景気は良くなってきている」と実感しているはずです。

「景気が良い」と言えば、日本経済新聞が２０２１年5月、同年3月期決算の発表を終えた上場企業１６８３社の業績を集計したところ、最終的な利益を示す純利益の合計は２０２０年3月期に比べて26パーセント増となり、コロナ禍前の２０１９年3月期の8割の水準まで戻ってきていると分かりました。

けん引役になっているのは、自動車や電子部品などの製造業です。コロナの感染拡大をいち早く抑えこんだと言う中国や、ワクチン接種のおかげで個人消費が拡大するアメリカ向けの輸出に引っ張られて、自動車や電子部品などの製造業は２０２０年末以降、業績が急回復しているのです。

さあ、困ってしまいました。**コロナ禍ではあらゆる業種・業界が打撃を受けているわけではありません**。好不調が混じりあう、いわばまだら模様の様相を呈しています。

これでは誰に質問するかで、「景気が良いのか悪いのか」の答えが変わってきてしまいます。業種・業界によって景気のとらえ方には大きな隔たりがありますからね。

また、そうなってくると、こんな疑問が浮かんできませんか？

「そもそも景気とは何なのだろう？」

皆さんは今、飲食店の経営状況やＪＲ東日本、ソニーなどの業績に注目して、景気の良し悪しについての見解を披露してくれました。しかし私たちが経済や暮らし向きについて「景気が良い」とか「悪い」と言う時、意識しているのは果たしてお店の経営状況や企業の業績だけでしょうか？　カンチくん、どう思う？

確かにそれだけではないと思います。景気って、もっと世の中全般の空気や気分を表しているような気がします。

その通りだよね。では世の中全般の空気や気分を醸成する要素として、ほかに何があるだろう？　ジュンペイくん、どうかな？

経済活動の勢いでしょうか？　モノがよく売れるようになったとか、皆があまりお金を使わなくなったとか、そんなことも意識されているように思います。

鋭いですね。アスミくんはどう思いますか？

収入も意識されているのではないでしょうか。うちではボーナスや残業代が増えると、「景気が良くなった」などと言ったりしますから。

実感が伴った答えには説得力がありますね。

皆さんへの質問攻めはここまでにしておきましょう。すでにご承知だと思いますが、今回のテーマは「景気」です。

私たちが普段何気なく使っている景気という言葉は、経済学ではどう定義されているのか？　景気の良し悪しはどのようにして判断するのか？

それらを分かりやすく解説し、冒頭で皆さんに質問した**「現状の景気は良いのか悪いのか」や「ワクチン接種の進展に伴いコロナ禍が収束するにつれて、景気はどうなっていくのか」についてて検証してみたいと思います。**

そもそも景気とは何なのか？

まず「景気とは何か」です。

経済学では「**景気とは経済活動の勢いや水準を表す指標である**」と定義されています。といっても、これだけではあまりにも抽象的ですね。もう少し具体的に説明してみましょう。

一国の経済活動は企業や世帯、個人などが密接に絡み合い、営まれています。

企業はモノやサービスを提供し、私たちは消費者としてそれらを購入・利用しています。私たちはまた働き手として企業などに労働を提供し、給料やアルバイト代などの対価を得ています。

これらの経済活動は、常に一定の水準に保たれているわけではありません。企業が提供するモノやサービスの売り上げは、私たちが消費者として購入・利用する量や金額に応じて増えたり減ったりします。

それに伴い、私たちが労働の対価として得ている給料も上がったり下がったりします。モノやサービスが売れている時には残業代やボーナスの支給額が上がり、逆の局面では下がってしまうのは企業で働いている人なら誰でもご存知ですよね。

経済活動は活発になったり、停滞したりを繰り返しながら営まれているのです。後で触れるような様々な理由から常に変化し続けているのですね。

そして、その際、**一定の期間でどれだけ変化したかで「経済活動の勢い」が分かります**。企業の提供するモノやサービスの売り上げが1カ月間で1・5倍に増えるよりも、2倍に増える方が「経済活動の勢いは良い」ことになります。逆に1カ月間で企業の提供するモノやサービスの売り上げが半分に減ったら、経済活動の勢いは一気に失われてしまったと言わざるを得ません。

また、**企業の提供するモノやサービスの売り上げが今どれくらいかで「経済活動の水準」が**

分かります。企業の提供するモノやサービスの売り上げが1カ月間で2倍に増えたら、企業が担う「経済活動の水準」は1カ月間で2倍になったと言えます。

つまり、景気とは企業や世帯、個人などが密接に絡み合った、「経済活動の変化のあり様を示すモノサシ」だと言っていいでしょう。

146ページの図6－1をご覧ください。

波形の曲線が示しているのは、経済活動の勢いや水準の変化です。波打つ曲線、すなわち経済活動の勢いや水準の変化は「**景気の波**」と呼ばれ、4つの局面から成り立っています。

1つ目は、右肩上がりの曲線が示す「経済活動の勢いが増し、その水準が上がっていく局面」で、これを「**好況**」と呼びます。

2つ目は、右肩下がりの曲線が示す「経済活動の勢いが失われ、水準が落ち込んでいく局面」で、これを「**後退**」と呼びます。

3つ目は、地を這う曲線が示す「経済活動の勢いがすっかり失われ、その水準が底に到達する局面」で、これを「**不況**」と呼びます。

4つ目は、再び右肩上がりへと向かう曲線が示す「経済活動が息を吹き返す局面」で、これを「**回復**」と呼びます。

それぞれの景気の局面ごとに、具体的に説明していきましょう。

図6-1　景気の波

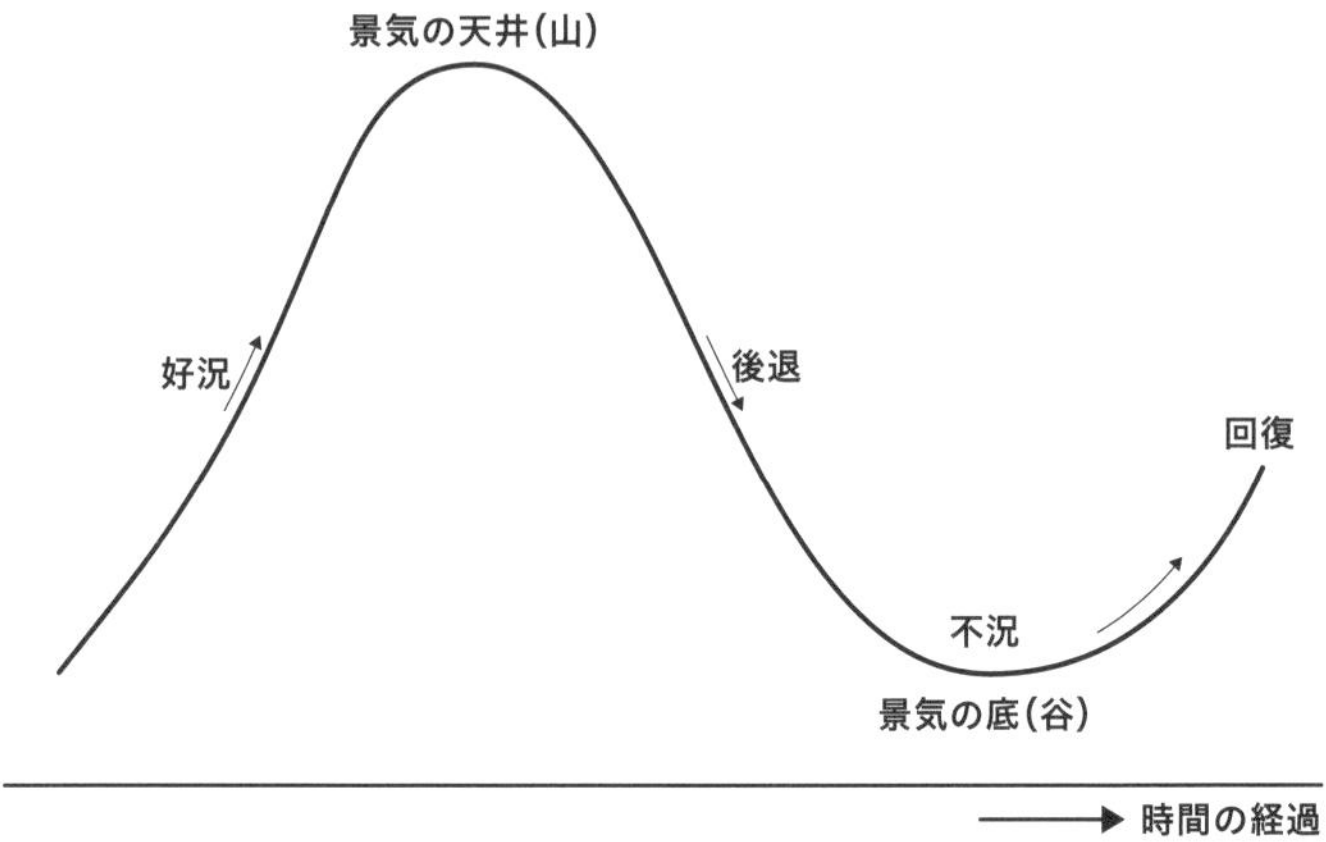

景気の波は4つの局面から成り立っている。

右肩上がりの曲線が示す「好況」の局面では、私たちは消費者としてより多くのモノやサービスを購入・利用するようになり、企業が提供するモノやサービスの売り上げもそれに応じて伸びていきます。そのおかげで企業の業績が上向き、給料なども上がるので、私たちはさらに多くのモノやサービスを購入・利用できるようになります。

企業・家計ともに潤って経済活動がいっそう活発になる好循環ですね。まさに「景気が良い」状況です。このような**好循環のピーク、つまり最高点を「景気の天井」または「景気**

の山」と言います。

一方、右肩下がりの曲線が示す「後退」の局面では、歯車は逆に回ります。

私たちはモノやサービスの購入・利用を以前よりも控えるようになり、企業が提供するモノやサービスの売り上げもそれに応じて減っていきます。このため企業の業績が悪化し、残業代やボーナスが下がってしまうので、私たちはさらにモノやサービスを買い控えざるを得ません。

企業・家計ともに潤いが失われ、経済活動がいっそう沈滞してしまう悪循環ですね。まさに「景気が悪い」状況です。

「後退」の局面が続いたその先に、「不況」の局面が待っています。地を這う曲線が示すように、この局面では経済活動の縮小がいっそうの縮小を招く悪循環に拍車がかかり、企業の赤字や家庭の困窮が深刻化していきます。このような悪循環のどん底、つまり**景気の波の最低点を「景気の底」あるいは「景気の谷」と言います**。

しかし、どんなトンネルにも出口はあるように、**「不況」の局面にも必ず終わりがあります**。「不況」の局面では、企業はこれまで以上にコストダウンや新商品開発などの企業努力に励みます。モノやサービスを買い控える節約は、やがて家計にいくらかの余裕を生じさせてくれるでしょう。

これらが相まってモノやサービスの販売減少に終止符が打たれ、**景気の波は「景気の底**

（谷）」を迎えた後、再び右肩上がりの「回復」へと変化していきます。

「不況」の局面で政府が何かしらの経済対策を講じれば、「不況」から「回復」への局面変化を早めることも可能でしょう。「回復」を始めた景気は、大災害や安全保障上の問題など景気を腰折れさせてしまうような突発的な事態が起きない限り、「好況」の局面に入ります。

ここまでの説明で、皆さんは景気とは何かを理解できるようになりましたか？　カンチくん、どうだろう？

景気が「経済活動の変化のあり様を示すモノサシ」だということは分かりました。でもまだ抽象的に思えて、もやもやしているのが本当のところです。

僕もまだ腑に落ちていません。

あたしも同じ意見です。まだ具体的ではない気がします。

皆さんがそう思われるのは、実は私の講義をきちんと聞いてくれていることの証です。これまでの講義ではまだ肝心なことを説明していませんでした。

「好況」「後退」「不況」「回復」の４つの局面をどのように判断するか。つまり、いかにして景気を判断するのか。

これを理解しないと、景気について具体的なイメージをつかむのは難しいでしょう。

好景気、不景気はどうやって判断する？

どのようにして景気を判断するのか？　授業の冒頭でも話したように、企業の業績はモノサシの1つにはなりますが、業種・業界によって経済活動の勢いや水準には違いがあります。企業の業績に限らず、個別のモノサシだけでは景気全般をとらえることはできません。

景気を判断する時には、複数、それも多数のモノサシを用います。

企業の生産活動や業績、私たちの消費意欲や雇用状況など様々な経済活動の指標を、以前の数値と比較・検討して、経済活動の勢いや水準が今どうなっているのかを総合的に判断するのです。

その代表が「**景気動向指数**」です。内閣府が毎月、発表しており、毎月上旬に速報値が、下旬に修正値が発表されます。

いささかややこしい説明になりますが、景気という概念の奥深さを知ってもらうためにも

「景気動向指数」について急ぎ足で講義しましょう。

「景気動向指数」は2種類の指数から成り立っています。

１つはＤＩ（ディフュージョン・インデックス）と呼ばれる指数で、景気動向の方向性、つまり景気が今、「好況」「後退」「不況」「回復」のどの局面にあるのか、どの局面に向かっているのかを示します。ディフュージョン（diffusion）とは「拡散」「普及」を、インデックス（index）とは「指標」を意味する英語です。

もう１つはＣＩ（コンポジット・インデックス）と呼ばれる指数で、景気変動の方向性だけでなくその幅（量）も示します。コンポジット（composite）は「合成」「混合」の意味の英語です。

ではＤＩやＣＩをどのようにして算出しているか見てみましょう。

１５２～１５３ページの図６－２をご覧ください。

ＤＩとＣＩを算出するために用いられている指標の一覧です。ＤＩとＣＩは同じ指標を用いており、それらは企業の生産活動・業績を示す「生産指数」や「営業利益」、私たちの消費意欲を反映する「家計消費支出」や「商業販売額」、私たちの雇用・就業状況を表す「有効求人倍率」や「労働投入量指数」など、全部で30項目あります。これらはどれも景気の影響を受けやすい経済指標ですね。

DＩを算出するには、30項目の指標の数値が3カ月前に比べて増えているか減っているか、つまり改善しているか悪化しているかを調べます。

増えて（改善して）いれば1点、変わらなければ0・5点、減って（悪化して）いれば0点として合計し、その値を指標の数（30）で割り算します。出てきた値がDＩで、**50パーセント以上なら「景気は良くなっている」、50パーセント未満なら「景気は悪化している」と判断します**。

ごく簡単に言えば、指標として採用した30項目中、どれだけの項目で数値が増えたかどうかで景気を判断しているのですね。ちなみに30項目のすべての指標が改善すればDＩは１００パーセントとなり、すべての指標が悪化すればDＩは0パーセントとなります。

一方、CＩの算出ではまず基準年を設け、30項目の数値を合成して算出した基準年の値（CＩ）を１００とします。以降は毎月、30項目の数値がどれだけ変化したかを把握し、基準年に照らし合わせてCＩを計算し、**導き出された各月のCＩが前月を上回っていれば「景気は良くなっている」、下回っていれば「景気は悪くなっている」と判断します**。

同時にCＩがどれだけ増減したかで景気変動の幅（量）も分かります。例えばCＩが１００から１１０に上昇すれば、企業の生産活動や私たちの消費活動などを合わせた経済活動の水準は1割拡大したと把握できるわけですね。ちなみに２０２１年現在、基準年は２０１５年で、

一致指標

●生産指数(鉱工業)

●鉱工業用生産財出荷指数

●耐久消費財出荷指数

●労働投入量指数(調査産業計)

●投資財出荷指数(除.輸送機械)

●商業販売額(小売業、前年同月比)

●商業販売額(卸売業、前年同月比)

●営業利益(全産業)

●有効求人倍率(除.学卒)

●輸出数量指数

遅行指標

●第三次産業活動指数(対事業所サービス業)

[サービス業など第三次産業に属する企業の活動状況を指数化した指標。指数が高いほど活動状況は活発となる。]

●常用雇用指数(調査産業計、前年同月比)

●実質法人企業設備投資(全産業)

●家計消費支出(勤労者世帯、名目、前年同月比)

●法人税収入

●完全失業率(逆サイクル)

●決まって支給する給与(製造業)

●消費者物価指数(生鮮食品を除く総合、前年同月比)

●最終需要財在庫指数

[「最終需要財在庫率指数」と紛らわしいが、出荷量に対する在庫量の割合ではなく、在庫の絶対量を指数化した指標。景気が上昇し始めると企業は原材料や部品を積極的に仕入れ、それを製品化(最終需要財)する。製品化までには時間がかかるので、景気の波に遅れて製品在庫、つまり「最終需要財在庫指数」が上がると考えられている。]

図6-2　DIとCIを算出するために用いられている指標

先行指標

●最終需要財在庫率指数(逆サイクル)

私たちが購入する製品＝最終需要財の出荷量に対する在庫量の割合。景気が良い時ほどモノは良く売れるので、この指数が高まると景気は後退に向かい始めたと考えられる。したがってDIやCIを算出する際には、この指数が低いほどDIやCIが高まるように計算する。このように景気の動きに対し、反対の方向に動く指標を「逆サイクル」と呼ぶ。「鉱工業用生産財在庫率指数」や「完全失業率」も同様に「逆サイクル」である。

●鉱工業用生産財在庫率指数(逆サイクル)

自動車など鉱工業製品を生産する時に投入する原材料や部品の在庫率。上の「最終需要財在庫率指数」と同様に、この指数が高まると景気は後退に向かっていると考えられる。

●新規求人数

●実質機械受注(製造業)

●新設住宅着工床面積

●消費者態度指数

消費者に今後6カ月の消費動向や暮らし向きへの見通しについて、「良くなる」「悪くなる」など5段階で答えてもらい、指数化した指標。

●日経商品指数

石油や食品など景気動向に敏感な商品の卸売り価格をもとに算出した指数。

●マネーストック(M 2)

市中で流通するお金の総額をマネーストックと言い、このうち現金・預金・定期性預金などを合わせたお金の量をM2と言う。

●東証株価指数

●投資環境指数(製造業)

●中小企業売上げ見通しDI

同年の指数を１００として算出しています。

　このように国は生産や消費、雇用など様々な経済指標を定点観測し、その変化の方向や量を集計して景気が良いか悪いかを分析しているのです。

「先行指標」に注目すれば、景気の先行きを予測するヒントに

　授業の残り時間がそろそろなくなってきました。最後にもう少しだけ「景気動向指数」の説明を続けます。

　もう一度、１５２〜１５３ページの図６－２をご覧ください。

　紹介した30項目の指標を「**先行指標**」「**一致指標**」「**遅行指標**」の３つに分類しています。「新規求人数」や「中小企業売り上げ見通し」などは「先行指標」に、「営業利益」や「有効求人倍率」などは「一致指標」に、「家計消費支出」「法人税収入」「決まって支給する給与」などは「遅行指標」に分類されています。

　これは**それぞれの指標が「どの時点での景気を示しているか」による分類です**。

　「先行指標」とは、１カ月から数カ月ほど先の景気を示す指標です。なぜ「中小企業売り上げ見通し」や「新規求人数」が「先行指標」なのかというと、景気の見通しが明るくなると、売

り上げの見通しを上方修正する企業や、受注が増えて人手が足りなくなる前に従業員を新規募集する企業が増えるからです。「中小企業売り上げ見通し」や「新規求人数」などは景気が本格的に良くなる前に増加することが知られているのですね。

気になるのは予測の正確性ですが、実績は発表されていません。アメリカでは「先行指標が３カ月続けて前月より増えるか、あるいは減ると景気の局面が転換する」と予測されていながら、その的中率が半分を割っているともいわれます。それを踏まえて日本の「先行指標」の予測精度も同程度ではないかと見る人もいます。私はそこまで低くはないだろうと見ていますが、２０００年以降、気候変動による大規模な自然災害や国際情勢の流動化がもたらす国際紛争など、景気に影響を及ぼす突発的な事態の発生件数が増えているので、的中率は下がってきているかもしれません。

「一致指標」は現在の景気を示す指標です。「営業利益」や「有効求人倍率」が「一致指標」に分類されるのは、企業の利益や、労働力の需給つまり今、人手が足りているかどうかが景気の波とほぼ同時に変動するからです。

皆さんは現状の「一致指標」がどんな値を示しているか気になると思います。それについては、次回の授業で詳しく紹介しましょう。

「遅行指標」は景気に遅れて変動する指標です。「家計消費支出」や「法人税収入」「決まって支給する給与」が「遅行指標」なのは、景気が良くなり、企業収益が改善して基本給が上がり、家計消費が増えるまでには時間差があるからです。企業が法人税を納めるのも会計年度の終了後なので時間差が発生します。

ちなみに私たちは時々「景気が良くなってきたと言うがそんな実感はない」などとぼやいたりしますよね。これは一般の会社員の多くが、「遅行指標」である「基本給」が上がり「家計消費」が増えるまではなかなか景気回復や好況を実感できないからです。

内閣府は「景気動向指数」を発表する時、DI、CIともに、「先行指標」「一致指標」「遅行指標」それぞれの指数である「先行指数」「一致指数」「遅行指数」も示しています。

私はそれらの中でもとりわけDIの「先行指数」に注目することが多いですね。景気はこれから良くなるのか悪くなるのかを推理する材料を与えてくれるからです。皆さんも興味があれば、ぜひ内閣府のホームページなどで「景気動向指数」を検索してみてください。

さあ、いかがだったでしょうか？　ここまでの説明で、景気とは何かが具体的に見えてきたのではないかと思います。

とはいえ今日の授業は私が伝えたいことの半分にすぎません。それだけ景気とは幅広く、かつ奥深い概念なのです。

次回の授業では、「人の肌感覚」を活用した景気判断の手法や、景気が「好況」「後退」「不況」「回復」をひとまわりして元に戻り、それを繰り返す「景気循環」について説明したいと思います。

第7回目

コロナ後
景気はどうなるの?

後編

授業のテーマ

景気循環説　アフターコロナの景気

景気判断の指標を活用して ポストコロナの景気を占う

前回の授業では、景気とは何かを理解していただくために、「景気の波」や「景気動向指数」について説明しました。

今回も引き続き景気について講義します。その奥深さを知っていただくために、さらに掘り下げて考察していきましょう。

前回同様、授業を始めるにあたって皆さんに質問があります。

「皆さんは肌感覚で『景気が良いな』とか『景気が悪いな』と感じる時はありますか？」

カンチくんはどうだろう？

あります。街を歩いていて、撤退した店舗を何軒も見かけると「景気が悪いのかな」と思います。僕が住んでいる街の商店街は、コロナ禍になってからずっとそんな状況です。前回の授業でシブチン先生に質問された時に「景気が悪い」と答えた理由には、それもありました。

わたしもよく行く駅前の百貨店がいつもよりずっと空いていたり、逆にずっと賑わっていたりすると、「景気が悪いのかな」とか「景気が良いのね」などと思います。

僕は1週間に1度出社した時、帰りが遅くなると最寄り駅からタクシーで帰宅することがあります。そんな時、運転手から「長距離の客がめっきり減ってしまって」などという言葉を聞くと、「やはり景気は悪いのだな」と思います。僕自身の肌感覚というよりは、運転手の肌感覚を聞かせてもらっているのかもしれませんけれど。

3人とも景気動向を肌で感じる時があり、それらはなじみのある場所での観察や会話に基づいている点で共通していますね。

では皆さんは自分たちの「肌感覚」に自信がありますか？　景気の良し悪しをとらえていると思いますか？　ジュンペイくんはどうだろう？

前回の授業でシブチン先生は「コロナ禍ではあらゆる業種・業界が打撃を受けているわけではなく、好不調が混じりあう、まだら模様の様相を呈している」と言われました。それを聞いて、限られた定点での観測や会話から景気全体を判断するのは、できないのだなと痛感してい

ます。

ただ運転手との会話から、タクシー業界の景気の良し悪しをある程度判断できていると思います。タクシー業界の景気の良し悪しは僕たちの懐の余裕にも大きく関係しているので、もしかしたら消費意欲についてもある程度は判断できているのかもしれません。

私たちも同じです。

まさに私の期待していた答えでした（笑）。

皆さんの答えによっては、私は「**私たち一人ひとりの肌感覚は景気の個別指標を判断するのに意外に役に立つ**」と言うつもりでした。しかし「意外」という言葉を使う必要はありませんでしたね。

国が採用している景気指標の中には、このような私たち一人ひとりが持つ「肌感覚」を活用した調査もあります。「**景気ウォッチャー調査**」です。

「景気ウォッチャー調査」は**景気に敏感な職業や役職に就いている約２０００人に聞き取りを行い、結果を指数化した調査で、内閣府が毎月発表しています**。

１６４ページの図７－１は「景気ウォッチャー調査」の主な対象者一覧です。百貨店や飲食店の従業員、タクシーの運転手など私たちの消費活動を支えてくれている人や、経営者のように売り上げや利益の数字と常に向き合っている人など多岐にわたります。

前回の授業で紹介した「景気動向指数」は、「生産指数」や「営業利益」「家計消費支出」など30項目の数値の変化で景気を判断します。数値や数量の変化で景気をとらえる「定量的」な景気判断ですね。

これに対して「景気ウォッチャー調査」は数値や数量ではなく人々の感覚に基づいて景気をとらえる「定性的」な調査で、「**街角景気**」とも呼ばれています。

調査の方法をざっと説明しましょう。

まず調査対象者に「3カ月前と比べた景気の現状」「2、3カ月先の景気の見通し」について質問します。景気の水準が「良い、やや良い、どちらとも言えない、やや悪い、悪い」のどれに該当するか、景気の方向性が「良くなっている、やや良くなっている、変わらない、やや悪くなっている、悪くなっている」のどれに該当するか、それぞれ5段階評価で回答してもらうのです。

そして「良い」「良くなっている」と答えたら1点、「悪い」「悪くなっている」と答えたら0点といったように回答ごとに得点を定め、全員が「良い」「良くなっている」と答えれば1

図7-1 「景気ウォッチャー調査」の主な対象者一覧

家計動向

百貨店売場主任・担当者
スーパー店長・店員
コンビニエンスストア店長
衣料品専門店経営者・店員
家電量販店経営者・店員
乗用車・自動車備品販売店経営者・店員
高級レストラン経営者・スタッフ
スナック経営者
観光型ホテル・旅館経営者・スタッフ
旅行代理店経営者・従業員
タクシー運転手
観光名所、遊園地、テーマパーク職員
ゴルフ場経営者・従業員
パチンコ店経営者・従業員
競輪・競馬・競艇場職員
美容室経営者・従業員

企業動向

家電や食品、家具などのメーカーの経営者・従業員
出版・印刷関連企業の経営者・従業員
不動産関連企業の経営者・従業員
金融機関の経営者・従業員

雇用関連

人材派遣会社社員
求人情報誌製作会社編集者
新聞社の求人広告担当者
職業安定所職員
学校就業担当者

これを見ると、普段、景気の変動を敏感に感じているのはどんな職種の人たちなのかがよく分かる。

00点、全員が「悪い」「悪くなっている」と答えれば0点となるように指数化します。

その上で聞き取り調査の結果をもとに「3カ月前と比較した景気の現状」を示す「現状判断指数」と、「2、3カ月先の景気の見通し」を示す「先行き判断指数」をそれぞれ算出します。

その結果、「現状判断指数」が50を上回れば「景気は良い」と感じている人が多いと判断し、50を下回れば「景気は悪い」と感じている人が多いと判断します。

また「先行き判断指数」が50を上回れば「景気が良くなる」と感じている人が多いと判断し、50を下回れば「景気は悪くなる」と感じている人が多いと判断します。

「景気ウォッチャー調査」の利点は2つあります。

1つは聞き取り調査ならではの速報性です。膨大な数値を集計・分析する「景気動向指数」では当月の調査が翌々月に発表されるのに対して、「景気ウォッチャー調査」では毎月末に行われる調査の結果が翌月の10日前後に発表されます。

もう1つは「景気動向指数」などの定量調査ではうかがえない人々の心理や気持ちが分かるので、人々の行動をある程度、予測できる点です。

例えば仮に経営者の多くが「2、3カ月先の景気の見通し」について「良くなっている」と答えたら、経営者の景況判断は改善しており、この先、生産や設備投資が活発になるかもしれないと期待できます。

さらに全国を12地域（北海道、東北、北関東、南関東、甲信越、東海、北陸、近畿、中国、四国、九州、沖縄）に分けて調査するので、地域ごとの景況感をキメ細かく把握できます。

一方で欠点もあります。聞き取り調査であるがゆえに結果が大きくぶれるのです。例えば、もし景気に水を差すような災害や事件が調査直前に起きたら指数は大きく下落してしまいます。このため長期的な傾向を探る基調判断にはどちらかといえば向いていません。

景気を変動させる要因はたくさんある

さて、ここでまた皆さんに質問です。景気の変動は「景気動向指数」や「景気ウォッチャー調査」などで判断できると分かりましたが、ではそもそも「景気はどんな要因で変動しているのでしょうか？」

ジュンペイくん、アスミくん、カンチくんの順番で見解を聞かせてもらいましょう。

まず企業の行動があると思います。工場を建設するなど思い切った設備投資を行うと建設会社や機械などの納入業者が儲かります。新たな雇用も生まれるので消費が活発になります。

輸出も要因の1つではないでしょうか。輸出が増えれば生産が活発になり、企業の業績や従業員の賃金が上向く好循環につながると思います。

僕たちの消費も大きいと思います。モノやサービスが売れるかどうかは、最終的には僕たち消費者の消費意欲にかかっていますよね。ということは、僕たちの心理や気持ちも景気に関係するのではないでしょうか。

全員、正解です。**企業の設備投資は、それによって潤う業者や人が多い、つまり波及効果が大きいので景気変動の大きな要因となります**。

輸出も同様に広範な企業や人を潤します。戦後の日本では輸出の伸びをきっかけとする景気回復が少なくありませんでした。

さらに**個人消費は日本のGDP（国内総生産）の6割近くを占めるほど金額が大きいので、消費意欲が高まると息の長い好況局面を実現します**。

加えてカンチくんが指摘したように人々の心理が好転すれば、企業は設備投資により積極的になるし、消費者の消費意欲も高まります。

景気変動の要因は他にもあります。**その1つは技術開発の動向です**。画期的な新技術が実用化され普及する過程では、新たなビジネスや需要が次々に生まれ、景気を刺激し続けます。インターネットが好例ですね。1990年代から2000年代にかけて普及したインターネットは新たなサービスを次々に生み、アマゾンやフェイスブックのような巨大IT（情報技術）企業を輩出させ、アメリカに長期の好況をもたらしました。

政府の景気刺激策も変動要因になり得ます。その代表が税金を投入して道路や橋などを建設する公共事業です。建設工事によって建設会社が潤い、新たな雇用が生まれ、その人たちの消費によって地元の小売店や飲食店も恩恵を受けます。道路や橋などのインフラストラクチャー（社会資本）の建設は、企業の設備投資同様、波及効果が大きいのです。

しかし日本では2000年以降、国や地方の財政悪化のために大規模な公共事業などの財政政策を打ち出しにくくなりました。公共事業に振り向けられる国家予算の「公共事業関係費」は、最盛期の1998年度には14・9兆円に達しましたが、2021年度には7・2兆円とほぼ半減しています（どちらも補正予算を追加した金額。当初予算では1998年度が9兆円、2021年度が5・3兆円）。

経済学者が唱える代表的な景気循環説

景気を変動させる要因について押さえたところで、最後に「**景気循環**」について解説しましょう。

先に述べた通り、景気は常に変動し続けています。「好況」局面がずっと続くことはなく、いつか必ず「景気の天井（山）」に達して後退局面に入ります。同様に「後退」局面もずっと続かず、いつか必ず「景気の底（谷）」にぶつかって「回復」局面に入ります。

「景気循環」とは、このように**景気が「好況」「後退」「不況」「回復」をひとまわりして元に戻り、それを繰り返す現象を指します**。

この現象は経済学者たちの知的探求心を刺激しました。19世紀以降、数多くの経済学者がアメリカやヨーロッパの「景気の波」を分析して、そこに一定の法則性を見出し、景気循環の周期やそれが起きる理由について独自の学説を唱えました。これらを「**景気循環説（論）**」と呼びます。

代表的な学説を紹介してみましょう。

古くはフランスの経済学者ジョセフ・C・ジュグラー（1819年～1905年）が186

0年に唱えた「**ジュグラー循環**」が有名です。ジュグラーは「**景気は8年から10年の周期で循環し、その主な要因は企業の設備投資にある**」と主張しました。その要点は以下の通りです。

「企業の生産設備は耐用年数（利用に耐えられる年数）がおよそ8年から10年程度であり、かつライバルを意識して同時期に設備を更新する企業が少なくない。設備の更新期を迎えると設備投資が増え、建設会社や機械などの納入業者への波及効果が生まれるとともに、生産が拡大して『好況』局面に入る。

やがて景気の波はピークを迎え、企業は生産を縮小したり、過剰設備を廃棄したりして景気は『後退』局面に入る。しかし、これらの調整が終わると『回復』局面に入り、8年から10年後の設備更新期を迎えて設備投資が増えるにつれて再び『好況』局面がやってくる」

これに対して、景気はもっと短い周期で循環していると指摘したのがアメリカの経済学者ジョセフ・A・キチン（1861年～1932年）です。キチンは1923年に「**景気はほぼ40カ月の周期で循環しており、その主な要因は企業が持つ在庫量の変動にある**」と主張しました。彼の名前にちなんで「**キチン循環**」と名付けられた「景気循環説（論）」の概要は、以下の通りです。

「消費が伸びる『好況』局面では、企業は先を争うように生産を拡大する。このため『景気の天井（山）』を超えるころになると売れ残りの在庫が少しずつ積み上がっていく。企業はこれらを処理しようとして安売りや生産縮小を行い、景気は『後退』局面に入るが、やがて在庫調整が済むと企業は生産を増やし、前回の『回復』からおよそ40カ月で再び『回復』局面に戻る」

キチンとは対照的に超長期の景気循環の存在を訴えたのは、旧ソ連邦の経済学者ニコライ・Ｄ・コンドラチェフ（１８９２年～１９３８年）です。彼は１９２５年に「**景気には画期的な技術の実現・普及を要因とする50～60年周期の波がある**」と主張し、「**コンドラチェフの波**」と呼ばれています。その内容はこうです。

「私たちの生活や経済の仕組みを一変させる画期的な技術が発明されると、それが世の中に普及する過程で様々なビジネスチャンスが芽吹いたり、新たな雇用が生まれたりして、経済全体に長期的な恩恵をもたらす。それらの経済効果はやがて一巡し、『好況』局面に終止符が打たれて『後退』局面に入るが、50年から60年後に再び画期的な技術が発明されることで『回復』局面に入る」

現在では景気循環は、周期の異なるいくつもの波が複雑に絡み合い起きていると考えられています。経済のグローバル化やＩＴの普及が進んだ現代の景気循環を、単独の「景気循環説（論）」では説明し尽くせなくなっているのです。

それを如実に示しているのが「キチン循環」でしょう。

図7-2　景気循環説(論)を唱えた偉大な経済学者

「景気はほぼ40カ月の周期で循環し、その主因は企業が持つ在庫量の変動にある」と唱える「キチン循環」は、長らく「景気循環説(論)」の主流でした。世界各国で「キチン循環」を実証するような40カ月前後の景気循環がよく見られたからです。

日本でも戦後、40カ月前後での景気循環を何度か観測しました。１９５１年10月の「景気の底（谷）」から１９５４年11月の「景気の底（谷）」へとひとまわりするまでの37カ月や、１９８３年2月の「景気の底（谷）」から１９８６年11月の「景気の底（谷）」までの45カ月などです。

しかし21世紀に入り、在庫変動による40カ月前後の景気循環が世界的に見られなくなってきました。日本でも「景気の底（谷）」から次の「景気の底（谷）」までが70カ月や80カ月を超える景気循環が出てきています。

その原因については諸説ありますが、私は、**生産現場や物流へのIT・デジタル技術の導入が主因ではないかと見ています**。ITやデジタル技術によって企業は生産や在庫数量を、注文や需要に応じて柔軟かつ機敏に調節できるようになりました。注文や需要をより正確に予測できるようにもなりました。

その結果、先を争うように生産を拡大したり、安売りや生産縮小などによって過剰な在庫を調整したりする必要性が薄まり、在庫変動が景気に与える影響力は落ちてきているのではないでしょうか。

現代の景気循環を説明し尽くせなくなってきているとはいえ、「景気循環説（論）」は人間の営みの中に自然界に存在するような法則性を見出そうとした点で、知的好奇心をそそられます。とりわけ「コンドラチェフの波」は、経済や歴史を俯瞰的に見る上で示唆に富むと私は思います。

コンドラチェフは過去の経済・産業史を分析して、蒸気機関や紡績機などが発明された産業革命による第1波（1780年代から1840年代）、鉄鋼業や鉄道建設がけん引した第2波（1840年代から1890年代）、電機や化学、自動車の発達による第3波（1890年代から1940年代）の存在を明示しました。

彼の業績を継いだ経済学者たちは、エレクトロニクス産業や原子力産業が切り拓いた第４波（第２次世界大戦後から１９９０年代）の存在を指摘しています。

それにならえば、**現在はＩＴやデジタルが普及し、人工知能やロボットの実用化が進む第５波のただ中にあると言えるのではないでしょうか**。第５波が世界の経済や社会をどのように変えていくのか興味は尽きません。

アフターコロナでは消費は急回復する!?

さあ、そろそろ今回の授業も終わりに近づいてきました。これまでの解説を踏まえて、最後に皆さんも気がかりな「現状の景気は良いのか悪いのか」や「ワクチン接種の進展に伴いコロナ禍が収束するにつれて、景気はどうなっていくのか」について論じていきましょう。

まず「現状の景気は良いのか悪いのか」です。

内閣府の「景気動向指数」からは、「**景気は先々悪化する懸念はあるが、今のところは悪くはない**」と判断できると思います。

ＣＩの「一致指数」の推移をたどると、２０１９年12月には95・６だった同指数は２０２０年１月以降コロナの感染拡大とともに急速に低下し、１回目の緊急事態宣言が発出された同年

5月には73・5まで落ち込みました。

しかし6月以降は2021年1月まで8カ月連続で上昇しました。同2月にいったん低下しましたが、同3、4月に再び上昇してコロナ禍前の2019年12月の数値に近い95・1に達しています。

個人消費を示す「小売業の商業販売額」などはコロナ禍で低迷しましたが、「生産指数」など輸出や設備投資の伸びを反映する複数の項目が上昇し続けたからです。**景気は2020年6月以降、「回復」局面に入ったと言っていいでしょう。**

ただし先ほど言ったように懸念材料はあります。2021年7月の同指数は、同6月に比べ0・1ポイント下落しました。同8月の「景気ウォッチャー調査」も景気の現状を示す現状判断指数が3カ月ぶりに悪化しました。コロナの感染拡大による緊急事態宣言の延長や対象地域拡大で景気に対する悲観的な見方が広がったからです。

景気の現状は、アメリカや中国への輸出増と緊急事態宣言の発出という、プラス要素とマイナス要素の綱引きが決めると言ってもいいでしょう。この構図は国内でのワクチン接種が進むまでは続きそうです。

ではワクチン接種の進展に伴いコロナ禍が収束するにつれて、景気はどうなっていくのか。

消費が急回復することで一気に「好況」局面に入ると私は見ています。

「**強制貯蓄**」という言葉があります。これは何かしらの理由で消費したくてもできず、使われないで残ったお金を意味します。日本銀行の試算では、コロナ禍での外出自粛や飲食店の時短営業などによって積み上がった「強制貯蓄」は、2020年の1年間で20兆円に達したとのことです。日本の個人消費の総額約300兆円の7パーセント近くに達する金額です。

ワクチン接種が進み、コロナ禍での行動制限が緩和されれば、それらのお金は短期間で消費に回るでしょう。

優先接種の対象となった高齢者の消費はすでに急回復の兆しを見せていて、2021年5月から同6月にかけてのおよそ1カ月間で、「飲み会」に出かけた高齢者は6・3倍に、「旅行」に出かけた高齢者は4・4倍に増えています（日本経済新聞の分析による。2021年7月9日朝刊）。

そうなれば輸出企業にとどまらず、飲食店や小売業、旅行業の業績も上向き、従業員の賃金も上がって、経済活動がいっそう活発になる好循環を期待できるはずです。

つまり**「強制貯蓄」の取り崩しによる消費の急回復は一時的な盛り上がりでは終わらず、息の長い「好況」局面をもたらしてくれる可能性があると私は見ています。**

ただし消費の急回復は良いことばかりではありません。モノの生産が追い付かなかったり、飲食店や小売業での人手不足が生じて、モノやサービスの値段が急騰したりする恐れもあります。

それに備えて、物価上昇に所得が追い付かない人たちに向けた家計補助金のような支援策を、政府は今のうちに考えておくべきだと思います。

ワクチン接種率が国民の7割、8割に達し、感染者や重症者が減少するまでにその準備をしたらどうでしょうか。コロナ禍の出口に向けて早めに手を打てば、それだけ景気回復の恩恵を広く行き渡らせられるはずです。

第8回目

100年に1度の危機なのに、なぜ株価は天井知らずなのか？

授業のテーマ

株式市場の役割　中央銀行の役割

株価の大幅上昇から分かる政府の思惑と日本経済の課題

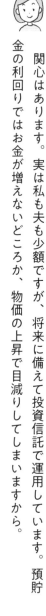

授業はいよいよ最終回となりました。今回もまず皆さんに質問です。皆さんは株や投資信託などへの投資には関心がありますか？　アスミくんはいかがですか？

関心はあります。実は私も夫も少額ですが、将来に備えて投資信託で運用しています。預貯金の利回りではお金が増えないどころか、物価の上昇で目減りしてしまいますから。

まさに「貯蓄から投資へ」ですね。アスミくんが言われたように今の普通預金の金利は年0・001パーセント、定期預金の金利は年0・002パーセント程度ですから、物価がほんの0・1パーセント上がっただけでも、お金の価値が下がり、資産が目減りしてしまいます。将来を考え、元本が値下りしてしまうリスクを取ってでも株や投資信託に投資するという選択肢はやはり考慮に値しますね。ジュンペイくんやカンチくんはどうでしょう？

僕も関心は持っています。ただ、今はお金にも時間にもあまり余裕がないので、なかなか株や投資信託への投資には踏み切れないですね。いつかは購入してみたいとは思っていますけれど。

僕は今のところあまり関心がないです。ニュースが株価のことを報じていても、なんだかぴんとこないですね。

株式投資などの資産運用は一般的に関心にばらつきがあるテーマです。皆さんの間でもまさにそうでしたね。

ただ、今回の授業で私はコロナ禍での株価の動きを取り上げるつもりです。

理由は2つあります。1つは**コロナ禍で株価が一見不可解な、かつ経済学的に見て実に興味深い動きを示しているからです**。

もう1つは、**コロナ禍で株価が一見不可解な動きを示している理由や、それがもたらした影響の中に、日本などの先進国がコロナ後に向けて直面する重大な経済的課題が透けて見えるからです**。

今回の授業を聞いていただければ、コロナ禍での株価の動きが投資・運用とは無縁の人にも関係する事象であると分かるはずです。「あまり関心がない」と言うカンチくんにもぜひ耳を傾けてほしいと思います。

世界各国でコロナ前よりも株価が大幅上昇

さっそく本題に入りましょう。

今、述べたようにコロナ禍で日本やアメリカの株価は一見すると不可解な動きを示してきました。

「コロナ禍が世界経済の強い下押し要因になる」という投資家の懸念から2020年3月に大きく値下がりした後、すぐに値を戻し、その後はコロナ禍で経済・社会活動に制約がかかっているのにもかかわらず上昇基調を続け、**日本ではバブル後最高値、アメリカでは史上最高値をつけたのです**。

この1年半ほどの株価の動きを振り返ってみましょう。

日本やアメリカ、EUなどの株価が一気に下落したのは、新型コロナの感染が中国からアメリカやイタリアなど欧米諸国に広がり、WHO（世界保健機関）が「パンデミック（世界的な大流行）」を宣言した2020年3月11日前後でした。

皆さんは「**日経平均**」あるいは「**日経平均株価**」という言葉をご存知ですよね。これは日本経済新聞社が東京証券取引所の市場第1部（東証1部）に上場している企業の中から選んだ、**日本を代表する225社の平均株価です。**「日経225」と呼ばれることもあります。

225社は、自動車メーカーや小売業、金融機関など多くの業種からバランスを配慮して選ばれています。このため**日経平均が上昇していれば「日本企業の株価は好調で、多くの企業の株価が値上がりしており、投資家は日本企業への投資に前向きだ」と判断できます。**

逆に日経平均が下落していると「日本企業の株価は低調で、多くの企業の株価が値下りしており、投資家は日本企業への投資に後ろ向きになっている」と判断せざるを得ません。だから、テレビや新聞が毎日のように「今日の日経平均は2万数千円でした」などと報じているわけですね。

付け加えれば「上場」とは、東証などの証券取引所に株式を公開し、誰もが自由に株式を売買できるようにすることを意味します。また東証1部とは東京証券取引所が運営する株式市場の中で、上場するための審査基準が最も厳しい市場のことです。東証1部に上場した企業が一般的に優良で信用力があると見られがちなのはこのためです。

この日経平均は、2020年3月9日の月曜日、歴代20位の下げ幅となる1050円99銭下落して1万9698円76銭となり、約1年2カ月ぶりに2万円台を割りました。さらに同13日の金曜日には、1128円58銭安と歴代13位の下落に見舞われました。**1週間の下げ幅は3318円70銭で、これは1990年のバブル崩壊時を上回る過去最大の記録です。**

アメリカの株価も同様でした。アメリカの代表的な株価指数である「ダウ工業株30種平均（ダウ平均）」は同3月9日、**過去最大の下げ幅となる2013ドル76セント安を記録し、2万3851ドル2セントにまで下落しました。**

しかもそれは序の口にすぎず、同12日には9日を上回る2352ドル安、同16日にはその12日をも上回る2997ドル10セント安と、過去最大の下落を更新し続けました。

2020年2月の高値と同3月の安値を比較した下落率は、日経平均で30・7パーセント、ダウ平均で31・7パーセントに達します。

加えてイギリスの「FTSE100指数」やドイツの「ドイツ株価指数（DAX）」などヨーロッパの代表的な株価指数も大幅に下落しました。世界の投資家にとってまさに悪夢のような1週間だったと言えるでしょう。

ちなみに、アメリカを代表する証券取引所には、ニューヨークのウォール街にある世界最大の証券取引所であるニューヨーク証券取引所と、ハイテク企業やIT系ベンチャー企業の上場比率が高いナスダックの2つがあります。「ダウ工業株30種平均（ダウ平均）」は、主にニュー

図8-1　日経平均株価とNYダウの推移

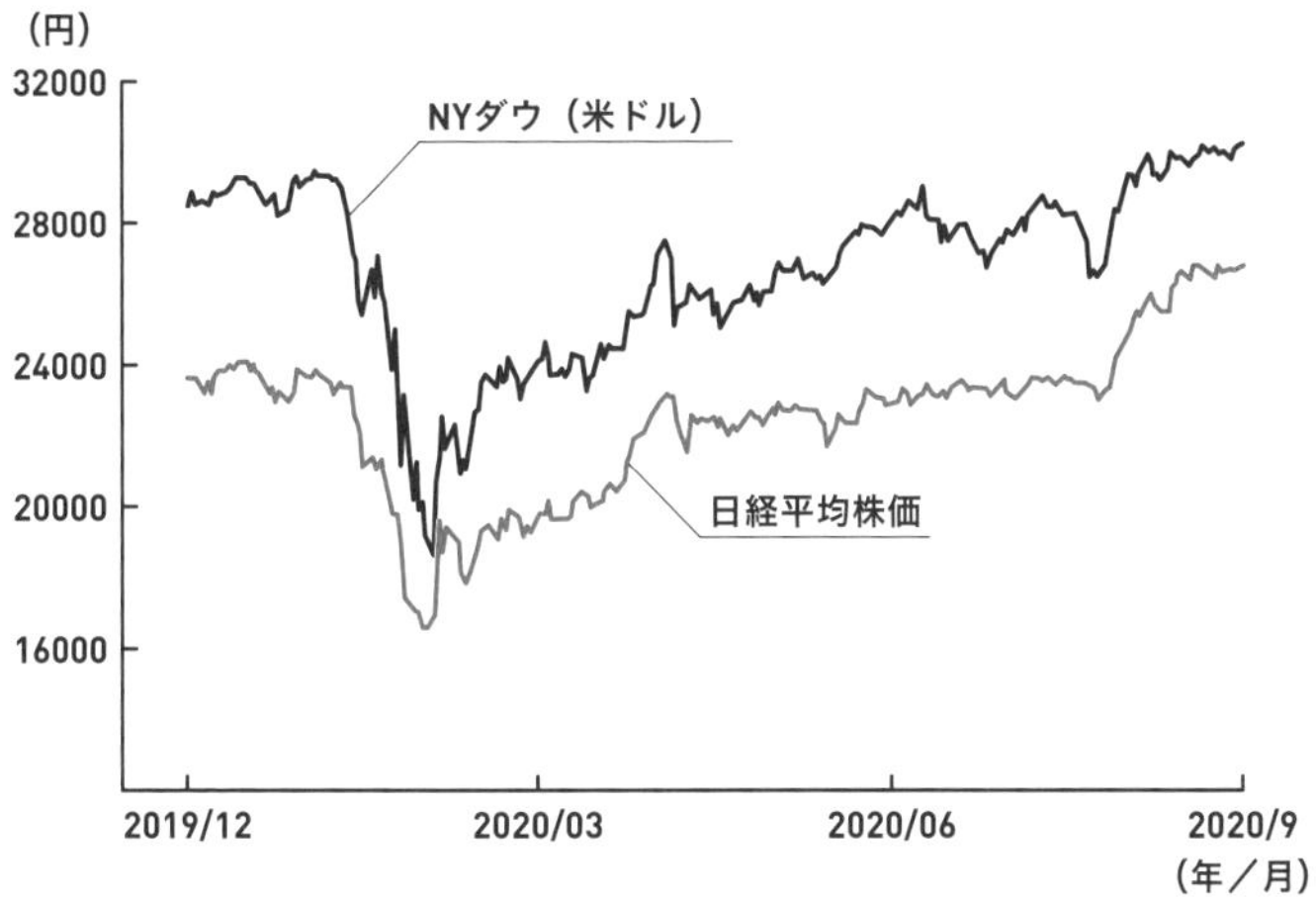

ヨーク証券取引所に上場する企業から選んだ30社の平均株価で、アメリカの経済新聞であるウォールストリート・ジャーナルなどを発行する出版・通信社のダウ・ジョーンズが発表しています。

ところが２０２０年３月上旬から中旬にかけて暴落した**株価は、同３月下旬に入ると突然、様相を一変させます**。急激な下落に終止符が打たれたばかりか、反転して右肩上がりの急上昇を始めるのです。

日経平均は同３月23日の週に入ってから、連日のように上昇を続けます。同３月24日には歴代10位の上げ幅となる１２０４円57銭高の１万８０９２円35銭で取り引きを終え、同25日も１４５４円28銭高と前日を上回る歴代

５位の上げ幅を記録しました。

この週の上げ幅は、週間では過去最大となる２８３６円60銭に達し、急速にコロナ禍前の水準へと値を戻していきます。

アメリカの株価の上昇速度は日本以上でした。ダウ平均は２０２０年3月24日に過去最大の上げ幅となる２１１２ドル98セント高の2万７０４ドル91セントで取り引きを終え、同26日も１３５１ドル62セント高と過去４番目の上げ幅を記録しました。

この動きに引っ張られるようにして、イギリスのＦＴＳＥ１００指数やドイツのＤＡＸなどヨーロッパの代表的な株価指数も上昇に転じます。

以降、日経平均やダウ平均は山と谷を繰り返しながらも上昇基調を続け、コロナ前の株価水準を大きく上回って推移します。

日経平均は、２０２０年11月17日に終値（その日の市場が閉じた時点での値）では１９９１年以来、約29年ぶりに2万６０００円台を回復しました。一方、ダウ平均は同11月24日に史上初めて3万ドルの大台に到達しました。

感染力の強いデルタ株の脅威に世界中がさらされるようになった２０２１年春以降も、株価はコロナ感染拡大前を上回る水準を維持しています。

東京では同7月中旬に４回目の緊急事態宣言が発出されましたが、同9月には、日経平均はコロナ前の2020年2月末の終値を9000円超上回る3万円台に達しました。感染者が再び増加しているアメリカでも、ダウ平均は史上最高値水準の3万4000ドル台を維持しています。

2020年3月上旬から中旬にかけての底値で株を購入した投資家の多くは、すでに高値で売却して多額の利益を得ているはずです。

株価は「景気の先行きを映す鏡」

私は先ほど、このようなコロナ禍での株価の下落と上昇を「一見すると不可解だ」と言いました。なぜ「不可解」なのか？　それを説明するために、まず**「上場した企業の株価を上げたり下げたりする要因」について考察しましょう**。

皆さんもご存知の通り、会社の形態として最も一般的な株式会社は株（株式）を発行し、株と引き換えに出資者からお金を出資してもらい、そのお金（資本）で事業を営みます。この時、企業は利益の一部を出資者（株主）に配当金として分配する必要はあるものの、株を発行して集めたお金自体は、銀行などからの借入金とは異なり、出資者（株主）に返済する必要はありません。

また、上場すれば企業は不特定多数の投資家から資金を集め、事業に多額の資本を注ぎ込めるようになります。

では上場した企業の株価はどのようにして決まるのか？

1回目の授業で解説した「需要・供給曲線」を思い出してください。「モノやサービスの値段は需要と供給の関係で決まる」とお話ししましたね。

上場した企業の株価も同じです。証券取引所での自由な売買に委ねられた株は他のモノやサービスと同様、需要つまり買いたい人が増えれば値段（株価）は上がり、供給つまり売りたい人が増えれば下がります。

ここで、また皆さんに問題を出したいと思います。

株を買いたい人を増やしたり、売りたい人を増やしたりする要因、つまり株価を決める要因には何があると思いますか？　カンチくんはどう考えますか？

やはり企業の業績だと思います。業績が良ければ配当金が増えるし、その企業への注目度も上がるので、株を買いたい人は増えるはずです。逆に業績が悪いと、売りたい人が増えると思います。

その通りですね。**企業の業績は株価を決める大きな要因です**。ある企業の決算が予想以上に良かったりすると株価が一気に跳ね上がることがあります。これは決算発表を聞いた投資家たちがいっせいにその企業に注目し、もしかしたら今後さらに業績が伸びるのではないかと色めき立って買いに走るからです。

アスミくんはいかがですか？　業績以外にはどんな要因が考えられるだろう？

景気ではないでしょうか。好況になれば多くの企業の業績が良くなるので株価は上がり、不況になれば逆に株価は下がると思います。

こちらも正解です。**株価は好況時には上がり、不況時には下がります。ただしそこには時間差があり、株価は景気の波に先行する形で上がったり下がったりします**。

6回目の授業で景気を判断するための指標は「先行指標」「一致指標」「遅行指標」の3つに分類できると講義しましたね。株価は「東証株価指数」が「景気動向指数」を算出する指標の中に入っており、**「先行指標」の1つです。「景気の先行きを映す鏡」と言われることもあります**。

なぜ株価は「景気の先行きを映す鏡」なのか？　これには株を買ったり、売ったりする投資家の心理が関わっています。

投資家は安いうちに買い、高くなったら売却して利益を得たいと考えています。他の投資家より早く、これから株価が上がる企業を見つけたいと目を凝らしています。

一方で投資家は保有する株価が下がる前に売りたいとも考えています。他の投資家よりも早く、保有する企業の株価が下がる要因を見つけなければならないと常に身構えています。

そんな投資家は景気の動向に神経質なほど敏感です。景気の波が上昇する兆しを見つけたら、その恩恵がいち早く及びそうな企業の株に食指を伸ばします。景気の波が下降する兆しを見つけたら、いずれ悪影響を受けそうな保有株の売却を検討します。

このような投資家の意識と行動が景気の上昇よりも前に株価を引き上げ、景気の下落よりも前に株価を押し下げるのです。

株価を決める要因に戻りましょう。ジュンペイくんは他に何か思いつきますか？

預金や借入金の金利も株価に影響すると以前聞いたことがあります。

ジュンペイくんの言う通りですね。**金利は株価に影響します**。預金や貯金の金利が上がれば、リスクの高い株を売り、元本が保証される預金や貯金に資金を移動させる人が増えるからです。

また、借入金の金利が上がると企業の支払い利息が増え、収益を圧迫します。新たな借り入れもしづらくなるので、資金不足から事業の拡大を諦める企業が増え、景気を冷やしてしまいかねません。これもまた株価が下がる要因になります。

逆に預貯金の金利が下がれば、リスクを取ってでも株を買う人は増えます。さらに借入金の金利が下がると企業の支払い利息が減り、新たな借り入れもしやすくなるので、企業の収益や事業の拡大に追い風となり景気を刺激します。これも株価が上がる要因になります。

早すぎる株価の上昇を引き起こしたきっかけとは？

ここまで企業の株価を決める要因について考察しましたが、では株価を決める要因である「企業の業績」や「景気の見通し」はコロナ禍ではどうだったでしょうか？

まず企業の業績を見てみましょう。

私は2回目の授業でソニーの好決算を紹介し、「コロナ禍でも好調な『勝ち組』がいる」と指摘しました。しかし全体としてみるとコロナ禍は企業に重くのしかかっています。とりわけワクチンの接種がまだ始まらず、各国が都市封鎖（ロックダウン）や外出・営業禁止のような経済・社会活動への規制によって感染を抑制しようとした2020年前半は、業績悪化に苦しむ企業が続出しました。

日本経済新聞の集計によれば、2020年上期（4～9月期）の決算で、上場企業の純利益の合計額は前の年の同じ時期に比べて38パーセントも減少しました。とりわけ製造業の減益幅が大きく、純利益は同54パーセント減でした。2020年上期での業績悪化は日本企業だけではなく、アメリカやヨーロッパの企業も同様でした。

次に景気はどうでしょうか。内閣府の「景気動向指数」では、2019年12月には95・6だったCIの一致指数は2020年1月以降、コロナの感染拡大とともに急速に低下し、第1回目の緊急事態宣言が発出された同5月には73・5まで落ち込みました。景気は下降し続けていたのです。

この間の株価はどうだったでしょうか。

先ほどお話しした通り、2020年3月上旬から中旬にかけて暴落した株価は、同月下旬に入ると一転して急上昇し、歴代上位の上げ幅を連日のように記録しました。

企業業績がコロナ禍での最悪期を脱したのは、2020年秋以降です。景気が回復局面に入ったのは早くても同6月以降です。いくら株価が「景気の先行きを映す鏡」であり「先行指標」であるにしても少し気が早すぎませんか。しかも同3月の爆上げは尋常ではありません。

何が株価を引き上げたのか？

実はそのヒントは、先ほどのジュンペイくんの答えの中にあります。ジュンペイくん、見当が付くかな？

もしかして金利が関係するのでしょうか？

その通りです！　どういうことか？　順番に説明していきましょう。

皆さんは「**中央銀行**」について、中学や高校時代の社会科の授業で教わりましたよね。「中央銀行」は国あるいは地域の金融政策を担う中核銀行で、日本の日本銀行（日銀）やＥＵ（欧州連合）の欧州中央銀行（ＥＣＢ）などがこれに当たります。アメリカでは中央銀行制度の最高意思決定機関である連邦準備制度理事会（ＦＲＢ）の統括のもとで、全米に12行ある連邦準備銀行が分担して中央銀行業務を担っています。

中央銀行の役割は多岐にわたります。まず**その国や地域で流通する紙幣（銀行券）を発行します**。また**民間の銀行に資金を貸し出すなどして金融システムの安定に努めます**。

さらに、その際の貸し出し金利（政策金利）を上下させることで、国や地域の金利水準を調節し、**景気を刺激したり物価の安定を図ったりします**。

図8-2　中央銀行の役割

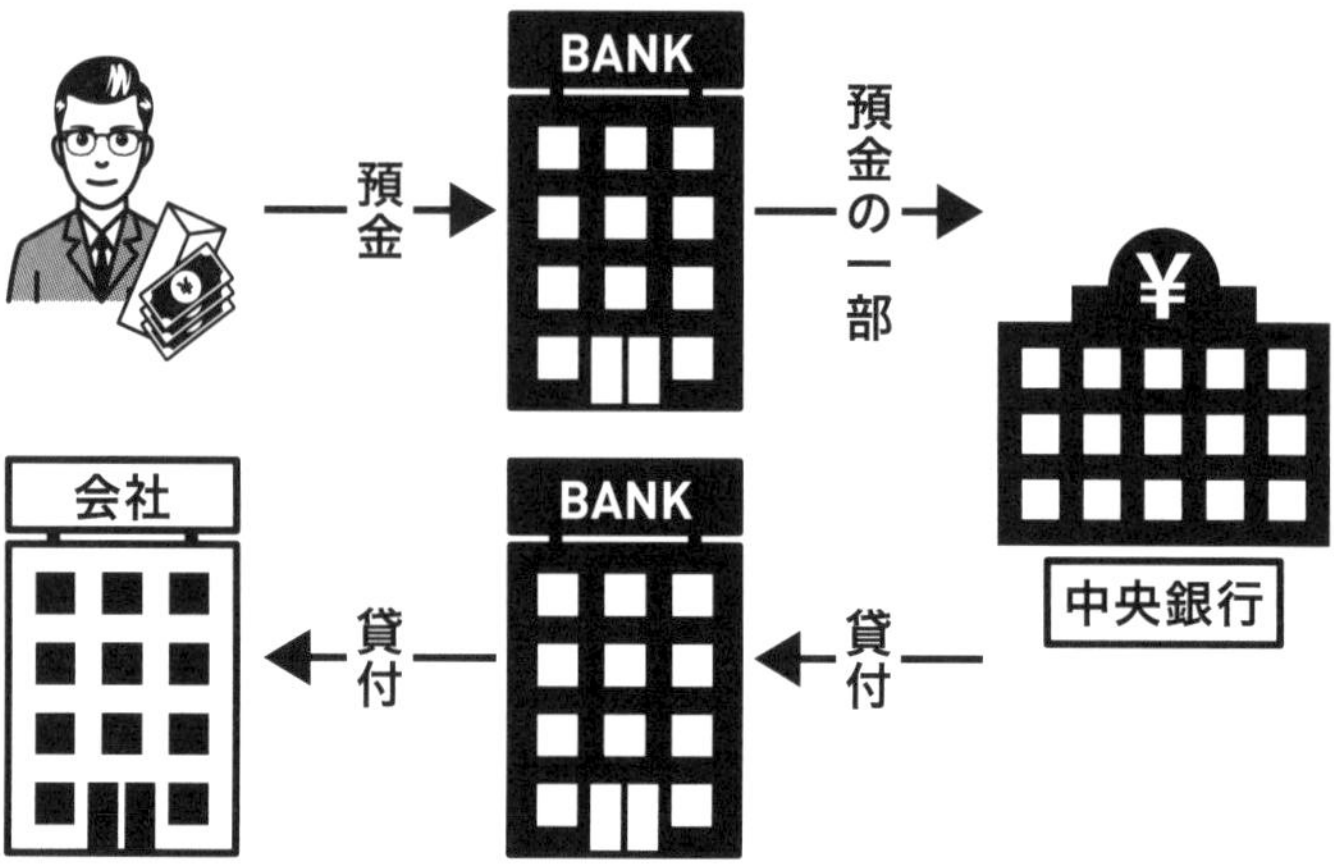

新型コロナの感染が中国からアメリカやイタリア、スペインなど欧米諸国に広がった2020年3月、日銀やFRB、ECBなど各国・地域の中央銀行は、パンデミックによる世界経済の打撃を食い止めようと動き出していました。

まず同3月3日、主要7カ国（G7）の財務相・中央銀行総裁が共同声明をまとめ、「あらゆる適切な政策手段を用いる」方針を打ち出しました。

それを受け、アメリカのFRBがいち早く動きました。同日、政策金利を0・5パーセントから0・25パーセントに引き下げると決定し、さらに「必要に応じて追加で利下げする可能性もある」と発表しました。

目的は景気の刺激です。先ほど述べたよう

に、政策金利の引き下げを通して金利水準が下がれば、企業は借入金の支払い利息が減り、新たな借り入れもしやすくなるので、企業の収益や事業の拡大に追い風となります。

ＦＲＢはさらに同3月15日に「**量的緩和**」と呼ばれる金融政策も打ち出しました。「量的緩和」とは、中央銀行が国債などの金融資産を買い上げる形で民間の銀行に大量の資金を供給し、世の中に出回るお金の量を増やして企業などがお金を借りやすくさせ、景気を刺激する政策です。

ＦＲＢは手始めにアメリカ国債（正式には米財務省証券と呼びます）を５０００億ドル（１ドル１１０円として55兆円）購入しました。これだけでも莫大な金額ですが、ＦＲＢは「今後も金額に上限は設けず、必要とあれば米国債などを際限なく購入する」と発表しました。

日本銀行もこれに呼応しました。同3月16日、日本国債などの購入量を増額し、「量的緩和」をいっそう進めると発表しました。ちなみに世界の主要な中央銀行の中で初めて「量的緩和」政策を実行したのは日銀でした。金利を下げるだけでは十分な景気刺激効果を得られなくなり、２００１年に導入したのです。

ここまで少し駆け足で説明してきましたが、ついて来られましたか？　いったん立ち止まって、「量的緩和」についての説明を捕足しましょう。

「量的緩和」とは、中央銀行が国債などの金融資産を買い上げる形で、民間の銀行に大量の資金を供給する政策だと言いました。

これはどういうことかというと、まず日本でもアメリカでも民間の銀行は、私たち個人や企業から預かったお金をすべて企業への貸し出しに回しているわけではありません。

日本の銀行の場合、預金残高に対する貸出残高の割合（預貸率）は3分の2ほどで、残りのお金は日本国債や株、投資信託などで運用しています。とりわけ国債での運用額は大きく、日本銀行によれば国内銀行の保有総額は、２０２０年度末で約90兆円に達します。国債は国が財政上の理由で個人や企業、団体などから借金をする時に発行する借用証明書つまり証文で、安全資産だとみなされています。経営の安定性を強く求められる民間の銀行にとって欠かせない運用対象なのです。

「量的緩和」では、中央銀行が民間の銀行に対して「あなた方が購入した時よりも高い価格で国債を買い上げますよ」と持ちかけます。民間の銀行にしてみれば、売れば運用益が出るのだから積極的に応じますよね。国債を買い上げた中央銀行は民間の銀行にお金を振り込みます。

このようにして**民間の銀行の手もとにあるお金を増やし、企業にお金を貸しやすくさせて、経済活動を刺激するのが「量的緩和」の狙いです**。

現実の動きに戻りましょう。FRBや日本銀行の動きに即座に反応したのが投資家たちでした。**金利が下がり、世の中に出回るお金の量が増えれば株価は上がると見て、テレワークや巣ごもり消費拡大の恩恵を受けるハイテク企業を中心に株の購入に転じます**。これが3月下旬の株価急上昇の引き金となりました。

それだけではありません。中央銀行から大量に資金を供給された銀行は、企業への貸し出しを増やし、企業が保有する現預金などのお金（マネーストック）は増加に転じました。それらの**お金の一部は、借金返済や既存事業の運転資金、新規事業への投資に使われましたが、残りは株などの金融資産に流れ込み、いっそうの株価上昇をもたらしました**。

FRBや日銀が思い切った金融政策を講じたのは、それだけコロナ禍による経済の失速に危機感を持ったからでした。

「各国が感染対策のために都市封鎖や外出禁止などに踏み切れば、企業の経済活動は打撃を受ける。投資家がそれを懸念して株や債券などを売り浴びせたら、株価や債券価格が暴落し、それらを大量に保有する銀行の経営悪化への不安から、預金者がいっせいに預金を引き出す金融パニックさえ起きかねない……」。

日銀やFRBはそんな最悪の事態をも想定して大量の資金を供給したのです。しかし、それらのお金は、「実体経済」すなわち企業がモノを生産したりサービスを提供したりする実体のある経済活動よりも、**「金融経済」すなわち市場で株や債券などの金融商品を売買する経済活動に流れ込んだのです。**

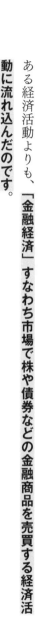

金融経済と実体経済の落差が生み出すもの

シブチン先生は今日の授業の冒頭で「コロナ禍で株価が一見不可解な動きを示している理由や、それがもたらした影響の中に、日本などの先進国がコロナ後に向けて直面する重大な経済的課題が透けて見える」と言いましたね。今のお話はそのことに関係してくるのですね。

まさにその通りです。残りの時間を使って、それらを説明したいと思います。

まず**コロナ禍での株価の上昇がもたらした負の影響、それは経済格差の拡大です。**

株に投資できるのはお金に余裕がある人たちです。日本でもアメリカでも保有する金融資産が多額であるほど、株への投資金額が大きくなります。

株高に沸く「金融経済」と、経済・社会活動への制約に苦しむ「実体経済」との落差は、株価の上昇で金融資産をさらに増やした富裕層と中・低所得層との経済格差をいっそう拡大させてしまいました。

イギリスのシンクタンクであるオックスフォード・エコノミクスによれば、コロナ禍が始まった2020年3月から2021年1月までの間に、アメリカで所得が上位20パーセントの人たちは株価上昇の恩恵を受けて貯蓄を合計で約2兆ドル（1ドル110円として220兆円）増やしました。逆に所得が下位20パーセントの人たちは貯蓄を合計で約1800億ドル超（同19兆8000億円超）も減少させてしまいました。仕事を失ったり、勤務時間が減ったりして収入が落ち込んだため、貯蓄を取り崩さざるを得なかったのです。

日本でも経済格差の拡大が進みました。

株高で資産を増やした富裕層の消費で、都心の高層マンションや高級腕時計、高額ブランド品などの販売が好調な一方、仕事を失うアルバイトやパートなど非正規雇用の人たちが増えています。厚生労働省の集計によれば、コロナ禍が原因で解雇や雇い止めに遭った人は2020年に7万9608人に達し、非正規雇用がそのほぼ半数を占めました。

何とも皮肉は結果だとは思いませんか？　**実体経済を活性化させ、国民の雇用や生活を守るための金融政策が、経済格差の拡大という副作用を招いてしまったのです。**しかも、このままでは拡大した格差はコロナ後も続きかねません。こうした状況を踏まえて、FRBの「量的緩和」政策自体を批判する政治家や経済学者もアメリカにはいます。

しかし日銀やFRBなどの中央銀行にしてみれば、「量的緩和」はどうしても避けられない手段でした。

日本もアメリカもEUも「利下げ」では「実体経済」を活性化し、景気を刺激できなくなっているからです。

金融機関がお金を1年以上、貸し出す際に適用する金利を「長期金利」と呼び、新たに発行された10年物国債（10年で償還される国債）の利回りが「長期金利」の水準を示す指標とみなされています。10年物国債は発行量が多く、また日々の売買も非常に盛んなので、多くの市場関係者が常にその利回りに注目しているためです。

この「長期金利」の水準は、コロナ禍直前、日本では0パーセントから0・1パーセントの間で推移していました。アメリカでは1パーセント前後でした。これだけ低いと、さらに利下げする余地は限られており、**利下げによって企業の支払い利息を減らしたり、新たな借り入れをしやすくしたりする効果はもはや期待できません。**

ではなぜここまで金利が低くなってしまったのか。日米ともに実体経済を活性化させ、景気を刺激し、国民の雇用や生活を守るために長期間にわたり利下げを繰り返してきたからです。

日本の長期金利は、バブル崩壊直後の1990年には8パーセントに達していました。その後、3回目の授業で触れたように日本経済は長期の停滞期に入り、1995年から2015年までのGDPの成長率は**18パーセント、つまり年平均では0・9パーセントにすぎませんでした**。この間、日銀は利下げを繰り返し、2001年にはそれだけでは金融政策の効果を得られないとして、世界の主要な中央銀行の中で初めて「量的緩和」政策を実行したのです。

一方、アメリカは2000年代に入っても成長と繁栄を謳歌していましたが、2008年9月、リーマンショックが発生しました。

きっかけはサブプライムローンと呼ぶ、信用度の低い人向けの住宅ローンの焦げ付きです。サブプライムローンの金利は、高年収で返済能力が高い人向けのプライムローンよりも高めに設定されていましたが、住宅価格が上がり続けていた2006年ごろまでは、サブプライムローンを借りて購入した住宅の評価額も上がったので、その建物を担保にして低金利のプライムローンに借り換えることができました。このため返済不能に陥る人の数は抑えられていました。

ところが2007年に入り住宅価格が下落し始めると、プライムローンへの借り換えができず、返済不能に陥る人が急増します。

これだけでもサブプライムローンの貸し手である銀行の経営を揺るがす事態ですが、危機の連鎖はそれで終わりませんでした。

日本の証券会社に相当するアメリカの投資銀行はサブプライムローンと社債などを組み合わせた債務担保証券と呼ばれる金融商品をいくつも作り、投資家や金融機関などに販売していました。サブプライムローンの焦げ付き急増をきっかけに、投資家や金融機関はそれらをいっせいに売却し始めたのです。結果は債務担保証券の暴落、そして、それらを保有する欧米金融機関の株価暴落でした。

とりわけ株を売り浴びせられたのが、大手投資銀行のリーマン・ブラザーズでした。同行は債務担保証券を販売していただけでなく自らも大量に保有し、しかもそれらの価格が下がり始めた時にあろうことか「割安になった」との理由で買い増していました。

2008年9月、リーマン・ブラザーズは日本の民事再生法に相当する連邦破産法の適用を申請して経営破綻します。それをきっかけに世界の株価暴落に加速度がつき、世界的な金融危機が発生して、景気が一気に冷え込みました。

これを受けて、FRBは銀行の貸し渋りを食い止め、景気を刺激しようと、2007年には5パーセントだった政策金利を1年余りで0・25パーセントまで引き下げました。

以来、アメリカの金利も低い水準に据え置かれています。リーマンショックの傷は癒えたものの、それ以前の成長率をいまだに取り戻すことができず、金利を上げられないでいるからです。

「低成長の罠」から抜け出すために必要なこと

皆さんには「日本などの先進国がコロナ後に向けて直面する重大な経済的課題」が見えてきたと思います。

それは慢性的な低成長のもとで、企業が国内市場の先行きを悲観して以前より新規事業への投資に消極的になり、ますます低成長から抜け出られなくなる「低成長の罠」です。

とりわけ日本の現状は深刻だと言えるでしょう。3回目の授業の繰り返しになりますが、日本はインターネットやＩＴ（情報技術）がもたらす産業構造の変化に乗り遅れ、主要先進国の中で最低の経済成長率に甘んじています。しかも日本は人口が減少し始め、企業経営者の多くが国内市場の先行きにいっそう悲観的になっています。

これでは中央銀行がいくら潤沢なお金を供給しようとも、「実体経済」の活性化にはつながりません。それどころか、大量のお金が「金融経済」に流れ込み、いっそうの経済格差の拡大を招いてしまいます。

どうしたら良いのでしょうか。カンチくんはどう思う？

企業が日本の「実体経済」の先行きに前向きになってもらえるように、いろんな手を打つべきだと思います。ジュンペイさんが5回目の授業の終わりに言ったように、国が企業の技術開発を支援したり、若い人の起業を後押しすべきです。

それから日本企業の経営者には国内への投資にもっと積極的になってほしいです。

カンチくんに賛成ですね。**日本が「低成長の罠」を脱するためには、企業経営者に今一度、日本市場の可能性に賭けてもいい気持ちになってもらわなければならないと思います。**さもなければ国内投資は増えず、「実体経済」を活性化させられません。

では人口が減少し、国民の収入が伸び悩む日本市場にビジネスチャンスはあるのでしょうか？

私はあると思います。コロナ禍のもとで、私たちはより安全で、より便利な生活を求めるようになっています。感染防止のための様々な制約のもとでも楽しみを得られるような、新たなレジャーやエンタテインメントを欲しています。コロナ禍で今、新たなビジネスチャンスが生まれているのです。

それらの需要に応える事業もすでにいくつか誕生しています。ベンチャー企業が開発した、飲食店や小売店の混雑情報をスマホで客に知らせて密になるのを防ぐ情報提供サービスはその1つで、全国の店舗に導入が広がっています。

ウェブ会議システムを利用した、移動や人との接触がないオンライン旅行を楽しむ人たちも増えています。自宅にいながら世界の絶景を堪能したり、専門家の解説をリアルタイムで聞きながら名所旧跡の映像を視聴したりするオンライン旅行は、リアルな旅とは別の、新たな楽しみとして定着し始めています。

デジタル技術には、コロナ禍で生まれている新たな需要をビジネスに変える潜在力があります。それらに全力で取り組むことは、日本が後れを取ってしまったインターネットやＩＴの分野で巻き返しを図るきっかけにもなり得るのではないでしょうか？

コロナ禍は、日本が変わるチャンスでもあるはずです。

渋谷和宏（しぶや・かずひろ）

1959年横浜市生まれ。経済ジャーナリスト、作家。大正大学表現学部客員教授。1984年4月、日経BP社入社。日経ビジネス副編集長などを経て2002年4月『日経ビジネスアソシエ』を創刊、編集長に就任。ビジネス局長、日経BP net総編集長などを務めた後、2014年3月末、日経BP社を退職、独立。1997年に情報ミステリー小説『銹色（さびいろ）の警鐘』（中央公論新社）で作家デビュー。経済ノンフィクション『稲盛和夫 独占に挑む』（日本経済新聞出版社）などをペンネーム渋沢和樹で執筆。また、ペンネーム井伏洋介として青春群像小説『月曜の朝、ぼくたちは』（幻冬舎）など。渋谷和宏としては『文章は読むだけで上手くなる』（PHP研究所）、『東京ランナーズ』（KADOKAWA）、『知っておきたいお金の常識』（KADOKAWA）などがある。『シューイチ』（日本テレビ）をはじめ、テレビやラジオのコメンテーターとしても活躍している。

ブックデザイン／別府拓（Q.design）
ＤＴＰ／横内俊彦
校正／池田研一
イラスト／和全（Studio Wazen）
編集担当／板橋正時

視覚障害その他の理由で活字のままでこの本を利用出来ない人のために、営利を目的とする場合を除き「録音図書」「点字図書」「拡大図書」等の製作をすることを認めます。その際は著作権者、または、出版社までご連絡ください。

激変する世界の未来を予測する
100年に1度の経済学

2021年11月12日　初版発行

著　者　渋谷和宏
発行者　野村直克
発行所　総合法令出版株式会社
〒103-0001 東京都中央区日本橋小伝馬町15-18
EDGE小伝馬町ビル9階
電話　03-5623-5121
印刷・製本　中央精版印刷株式会社

ISBN 978-4-86280-819-6
総合法令出版ホームページ　http://www.horei.com/